梁毅志 编著

世界奇迹之

NBA 篇

图书在版编目（CIP）数据

世界奇迹之 NBA 篇 / 梁毅志编著 . -- 北京 : 北京时代华文书局 , 2023.12
ISBN 978-7-5699-5106-6

Ⅰ . ①世… Ⅱ . ①梁… Ⅲ . ① NBA —概况 Ⅳ .G841.971.2

中国国家版本馆 CIP 数据核字 (2023) 第 240980 号

SHIJIE QIJI ZHI NBA PIAN

出 版 人：陈　涛
选题策划：董振伟　直笔体育
责任编辑：马彰羚　张彦翔
装帧设计：王　静　段文辉
责任印制：訾　敬

出版发行：北京时代华文书局 http://www.bjsdsj.com.cn
　　　　　北京市东城区安定门外大街 138 号皇城国际大厦 A 座 8 层
　　　　　邮编：100011　电话：010-64263661　64261528
印　　刷：小森印刷（北京）有限公司
开　　本：710 mm×1000 mm 1/16　　　成品尺寸：170 mm×240 mm
印　　张：20　　　　　　　　　　　　字　　数：382 千字
版　　次：2023 年 12 月第 1 版　　　　印　　次：2023 年 12 月第 1 次印刷
定　　价：99.00 元

本书图片由视觉中国提供。

这里是奇迹诞生之地

奇迹诞生之地

"这里是奇迹诞生之地。"这是NBA（美国职业篮球联盟）官方宣传口号，是竞技体育最动人的魅力所在。

奇迹，代表着不可思议，那可以是迈克尔·乔丹奠定联盟历史第一人地位的10个得分王、2个三连冠、2次三连总决赛MVP（最有价值球员）；也可以是科比·布莱恩特开创时代的单场81分、三节62分；还可以是与时间赛跑的克莱·汤普森的单节37分、特雷西·麦克格雷迪（以下简称麦迪）的35秒13分、科怀·伦纳德的压哨绝杀……

这些或长或短的篮球故事，带着一连串的惊叹号，驻守在篮球历史中，每一页都标注着"难以置信"，故事的主角如同球场上的神兵天将，完成了看似不可能完成的任务。

因此，我们称这些故事为"奇迹"。

"奇迹"的"奇"在于超凡脱俗，是詹姆斯·哈登与斯蒂芬·库里摧枯拉朽的得分盛宴，是雷吉·米勒与雷·阿伦惊心动魄的一剑封喉，是奥斯卡·罗伯特森与拉塞尔·威斯布鲁克无所不能的三双辉煌，是沙奎尔·奥尼尔与文斯·卡特的灌篮风暴，也是约翰·斯托克顿与克里斯·保罗的精妙传球，篇篇赛场华章，构成了球员的鬼斧神工与荡气回肠。

　　"奇迹"的"奇"在于决胜千里，是菲尔·杰克逊率队夺取11个冠军的运筹帷幄之中，是格雷格·波波维奇指挥圣安东尼奥马刺队连续22年进入季后赛的长盛不衰，是斯蒂夫·科尔、泰伦·卢等新一代教练中的翘楚以头脑风暴书写赛场上的稳操胜券，用冠军奖杯实现着名帅的历史传承。

　　"奇迹"的"奇"在于众志成城，是芝加哥公牛队王者之师的恢宏霸气，是洛杉矶湖人队战无不胜的独孤求败，是克利夫兰骑士队逆流而上的绝地求生，是疯狂6加时、单场186分的数据霸榜震古烁今。球员与教练们的不同凡响，成就了球队的出类拔萃。

　　如果说NBA的比赛是一部"书"，"奇迹"就是这部书最精彩的段落，精益求精，优中选优，天赋、技术、战术、热血、智慧，组成了妙不可言的赛场传奇。

　　这部《世界奇迹之NBA篇》，就是对那些令球迷热血沸腾的赛场画面的总记录，那些进攻狂潮、那些绝杀时刻、那些无敌不破、那些逆风翻盘……全部被收录其中，这是一部关于"NBA"的百科全书。

　　《世界奇迹之NBA篇》不仅仅是对NBA经典的详细回顾，也是对台前幕后故事的揭秘与解读，完整讲述赛场之上神来之笔的来龙去脉，是关于"奇迹"的NBA历史通鉴。

　　让我们共同见证"奇迹"，见证篮球世界中的出神入化。

目录
CONTENTS

诸神传说

历史榜单

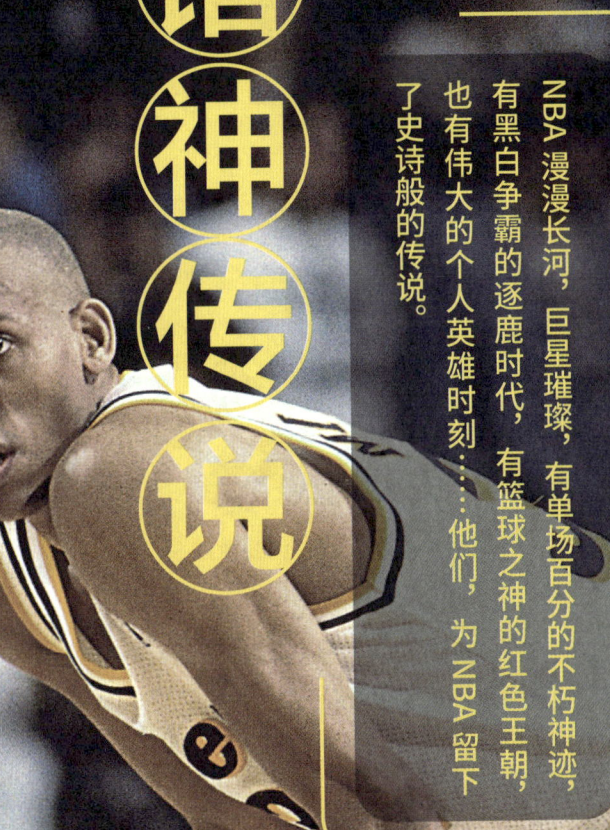

诸神传说

NBA漫漫长河，巨星璀璨，有单场百分的不朽神迹，有黑白争霸的逐鹿时代，有篮球之神的红色王朝，也有伟大的个人英雄时刻……他们，为NBA留下了史诗般的传说。

传奇巨人　乔治·麦肯

> 将乔治·麦肯定义为"NBA历史上第一个超级巨星"丝毫不夸张。
>
> 他，率领湖人队在6年时间里揽下5个总冠军，缔造了第一支王朝球队，也成为联盟中无可争议的"统治者"。
>
> ——引语

绰号"篮球先生"的乔治·麦肯，是NBA第一代的传奇球星。正是因为他突出的能力，NBA彻底颠覆了以小个球员为主力的格局；正是因为他恐怖的内线统治力，NBA将三秒区由1.83米扩展到3.66米，并且制定了"干扰球"规则。

这位传奇球星斩获了包括总冠军、MVP、得分王在内的各类荣誉，并最终进入奈史密斯名人堂，缔造了让后人仰望的生涯。

·统治者：6年5冠缔造王者传奇

将乔治·麦肯定义为"NBA历史上第一个超级巨星"丝毫不夸张，正是他的出现才推动了低谷期的篮球发展，让这项运动焕发新的生机。

1948年，乔治·麦肯加盟NBA明尼阿波利斯湖人队，从此开始了自己逆天的表演。彼时的他，率领湖人队在6年时间里揽下5个总冠军，缔造了第一支王朝球队，也成为联盟中无可争议的"统治者"。

不仅在冠军数量层面拥有绝对统治力，麦肯夺冠的过程同样荡气回肠，他曾经在总决赛首战贡献40分，更是在骨折的情况下带伤出战，10场季后赛场均轰下30.3分。在那个以小球为潮流的时代，麦肯拥有绝对的统治力，1948—1949赛季，乔治·麦肯场均贡献28.3分，拿到了NBA最有价值球员，同时这也是NBA历史上的第一个赛季，这次MVP的意义和开创性不言自明。

·颠覆者：NBA 因他修改规则

身高2.08米，体重110千克，乔治·麦肯对于联盟内线的统治，在那个年代可谓"降维打击"。在绝对的天赋和技术加持之下，麦肯收获诸多荣誉，总冠军之外，他还斩获了3次得分王、1次篮板王，并成为首位得到1万分的球员。

他拥有着卓越的内线进攻技巧，凭借刻苦训练练就的超强勾手技术，搭配身高天赋，让联盟其他球队根本无从防守。同时在那个还没有干扰球规则的年代，他凭借阅读防守的能力以及出色的身体天赋，在内线铸造了难以逾越的高墙。

在这种背景下，联盟也是被迫因为麦肯修改规则。一是将三秒区从1.83米扩展到3.66米，以期待降低他在内线的统治力。二是增加了干扰球的规则，从而"稀释"他的防守能力。

即便如此，麦肯依旧是那个时代的绝对统治者，他不仅颠覆了NBA的规则，更是颠覆了整个时代，成为一名划时代的超级巨星。

乔治·麦肯 生涯主要荣誉

5次总冠军

4次全明星

1次全明星MVP

3次得分王

1次篮板王

6次最佳阵容

1959年入选名人堂

1996年入选NBA50大巨星

2021年入选NBA75大巨星

指环王　比尔·拉塞尔

11 冠加身获"指环王"美誉，无解八连冠统治一个时代，场均 22.5 个篮板让世人叹为观止，"抢七战"10 胜 0 负大场面从不输球。这位以球员和教练身份分别入选名人堂的传奇巨星，缔造了无数难有来者的纪录，拥有一个让亲历者惊叹、后来者仰望的传奇生涯。

——引语

· 绝对王者

1956—1957赛季，比尔·拉塞尔在波士顿凯尔特人队开启了自己的传奇生涯。加盟球队的首个赛季，他因为参加奥运会，缺席了前16场比赛。然而归队之后，他完全没有新秀的生涩，反而以场均19.6个篮板高居联盟榜首，并最终帮助球队斩获常规赛最佳战绩，总决赛"抢七战"两分险胜夺冠。

次年遗憾丢冠之后，比尔·拉塞尔开启了对NBA漫长的统治，他在1958—1959赛季到1965—1966赛季，帮助凯尔特人队斩获了惊人的八连冠，可谓统治了一个时代。

1966年之后，他开始担任凯尔特人队的主帅，第一个赛季折戟东部决赛，无缘总冠军。但随后他们强势反弹——1967—1968赛季的东部决赛，他率队战7场，险胜张伯伦领军的76人队，最终夺得总冠军。1968—1969赛季，他们在总决赛"抢七战"中击败湖人队，再度夺冠。

整个生涯，拉塞尔斩获了11个总冠军，包括一次传奇的八连冠。这样极富统治力的表现，以及戴满了戒指的双手，让他获得了"指环王"的美誉。

· 篮板狂人

除了冠军这个标签，篮板球和防守同样是比尔·拉塞尔立足联盟的根本。963场常规赛，拉塞尔场均拿到22.5个篮板；165场季后赛，他的场均篮板数更是达到了恐怖的24.9个。这样的数字，放眼如今的NBA是根本无法想象的。

拉塞尔刚进入联盟的时代，防守的概念并没有植入人心，但拉塞尔却是"异类"。他拥有让人艳羡的身体条件，他是凯尔特人队当之无愧的核心，但他却非常乐意将精力投入到防守中。凭借出色的天赋和判断能力，他成为彻底统治篮下的篮板狂人。

他曾单场摘下过51个篮板，生涯总计拿到21620个篮板，几乎是以一己之力构筑起了凯尔特人队的防守体系，这也是他们屡战屡胜、屡次夺冠的根本。

不仅如此，他的盖帽表现同样惊人。在那个统计数据并不完善的年代，我们并不能从数据角度感受他的这项能力。但从比赛录像中，我们可以清晰地感受到这个"篮下巨兽"出色的弹跳能力和敏锐的盖帽意识。

· 大场面先生

夺冠之路从来都不是一帆风顺的，辉煌的职业生涯背后，比尔·拉塞尔也数次面对"生死战"。然而，"指环王"是不折不扣的大场面先生，生涯"抢七战"他10胜0负保持不败，缔造了一个前无古人后也难有来者的纪录，同时他18次面对"赢球或者回家"的绝境，取得了16胜2负的成绩。

八连冠的所向披靡似乎让人忘却了比尔·拉塞尔所处时代之艰难，包括张伯伦在内的多位巨星给予他的无数次的冲击。他之所以能够一次次地化险为夷，正是依靠关键战役的控场能力，尤其是在防守端。

生涯第一个冠军就是通过"抢七战"拿到的，拉塞尔早早地习惯了大场面。随后的1959—1960赛季，波士顿凯尔特人队在总决赛"抢七战"中遭遇了圣路易斯老鹰队，此战拉塞尔拿到22分、35个篮板，统治防守端，率队大胜。1967—1968赛季东部决赛"抢七战"，面对张伯伦率领的76人队，拉塞尔命中关键罚球并送上制胜的封盖和篮板，在防守端再度立功。

在那个巨星林立的时代，拉塞尔取得的所有荣誉都不是理所当然的，这些让人难忘的"抢七战"表现，帮助凯尔特人队建立了王朝，也缔造了他自己的传奇生涯。

比尔·拉塞尔 生涯主要荣誉

11次总冠军

5次常规赛MVP

12次全明星

1次全明星MVP

11次最佳阵容

1次最佳防守阵容

4次篮板王

1次奥运会冠军

1970年NBA25周年最佳阵容

1980年NBA35周年最佳阵容

1996年入选NBA50大巨星

1975年和2021年分别以球员和教练身份入选名人堂

2017年获得NBA首届终身成就奖

2021年入选NBA75大巨星

不朽天勾　贾巴尔

生涯六次拿到常规赛 MVP 冠绝历史，生涯出战 1569 场常规赛拿到 38387 分，勾手绝技威震联盟无人可挡，六夺总冠军老而弥坚，这便是卡里姆·阿卜杜尔-贾巴尔传奇的生涯。

——引语

　　"天勾"绰号的背后，是他对于篮球技巧近乎苛刻的打磨。"纪录收割机"的背后，则是他几十年如一日的坚持和自律。这位荣誉等身的篮球传奇，集无数可贵品质于一体，让人顿生敬意。

·天勾绝技

　　禁区右侧底线，戴着护目镜的贾巴尔运球向右移动，冷不防一个左转接双手收球，左脚往左侧跨步，右脚掌撑地，向左转体同时右膝高抬，随后单脚跳起。双手持球过渡为右手向上伸臂，分开的五指托球，举球至最高点时轻轻扣腕用食指、中指将球拨出。这就是贾巴尔当年独步武林的"天勾"绝技，贾巴尔以其经典的勾手投篮动作名满天下，并因此被人们称为"天勾"。

　　贾巴尔身高2.18米，臂展条件出色。他在NCAA（全国大学协会）打磨了多年的勾手技术，在他加盟NBA之后成为联盟各大中锋的梦魇。他职业生涯中，绝技"天勾"少有被盖帽的，据不完全统计，"天勾"投篮被盖帽的次数不超过5次，而他的职业生涯命中率高达56%，这成为他加冕历史得分王，并且在40岁还有极高的得分效率的重要原因。

　　将一项技能打磨到如此炉火纯青的境界，便是贾巴尔对待篮球的态度。他低调勤勉，训练极其努力，同时他也是更衣室里最特别

的那一个人，赛前他不会去听吵闹的音乐，只是静静地看书。

曾经执教过贾巴尔的莱利如是说道："贾巴尔只是想要在他自己的空间里有点平和、宁静以及某种程度的安宁。"

· 六夺 MVP 创历史

新秀赛季便以场均28.8分（联盟第二）、14.5个篮板（联盟第三）的表现，帮助雄鹿队打出东部第二的战绩，贾巴尔无可争议地当选最佳新秀。随后的征程，贾巴尔便开始"收割"更高级别的荣誉。

1970—1971赛季，密尔沃基雄鹿队通过交易得到奥斯卡·罗伯特森，他和贾巴尔这一内一外的组合，瞬间席卷联盟。当赛季他们打出了恐怖的66场胜利，还曾斩获一波20连胜。贾巴尔更是以场均31.7分加冕得分王，还获得了生涯首个常规赛MVP。

当年季后赛，雄鹿队打出了12胜2负的战绩，总决赛横扫巴尔的摩子弹队拿下总冠军，贾巴尔荣膺总决赛MVP。一个赛季收获两个MVP以及得分王，贾巴尔向全世界宣告，他已然是联盟的顶级球星。

随后的两个赛季他又连续拿到常规赛MVP，生涯前四年三度加冕，整个生涯拿下六个常规赛MVP，神迹冠绝历史，至今仍无人可破。

· 纪录收割机

进入NBA时贾巴尔已经22岁，作为一名较晚开启职业生涯的球员，他却凭借自己的自律演绎了绵延许久的职业生涯。1985—1986赛季，38岁的贾巴尔依旧保持着场均23.4分、56.4%命中率的高效表现。凭借着老而弥坚的表现，他成为NBA历史上的"纪录收割机"。

六夺常规赛MVP、19次入选全明星阵容这两个含金量十足的数据，冠绝历史。1984—1985赛季总决赛，37岁的贾巴尔场均拿到25.7分、9个篮板、5.2次助攻，用极其全能且恐怖的表现，帮助湖人队夺冠，就此成为NBA历史上最年长的总决赛MVP。与之交相辉映的一个纪录则是他在职业生涯第二个赛季（23岁）就斩获常规赛和总决赛MVP，成为NBA历史上最年轻的双MVP。同时他的职业生涯，常规赛总计斩获38387分，NBA历史总得分王的宝座，由他牢牢占据。

贾巴尔 生涯主要荣誉

6次总冠军

6次常规赛MVP

2次总决赛MVP

1次最佳新秀

19次全明星

15次最佳阵容

11次最佳防守阵容

2次得分王

1次篮板王

4次盖帽王

1995年入选名人堂

1996年入选NBA50大巨星

2021年入选NBA75大巨星

上古大神　威尔特·张伯伦

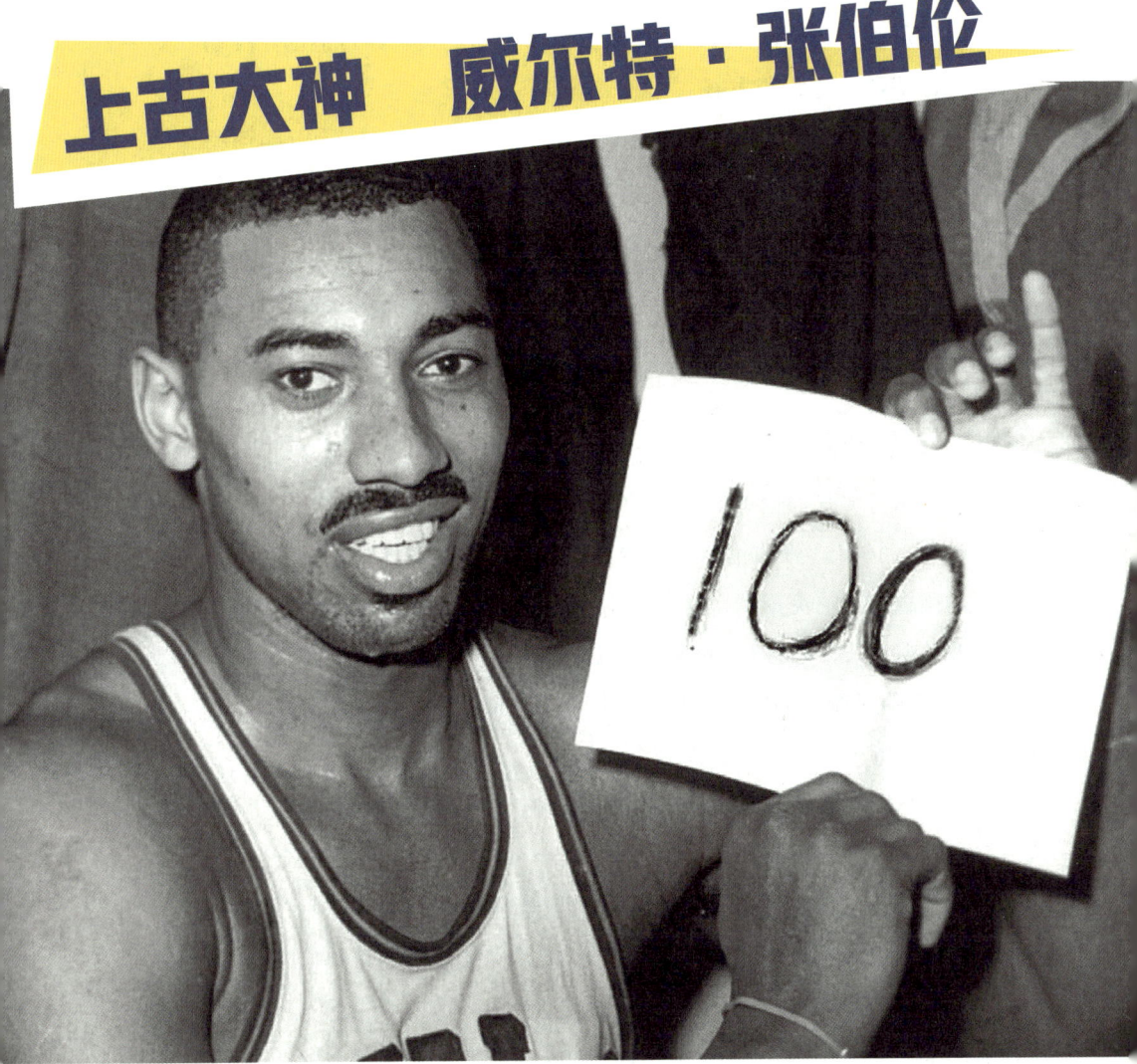

> NBA 代表着篮球世界的最高竞技水准，NBA 的历史中人才辈出，星光璀璨，但是像张伯伦这样划时代的球员少之又少，他是 NBA 历史上不世出的天才，他的身体素质、运动天赋和比赛能力都远远凌驾于同时代的球员。张伯伦重新定义了篮球运动，推动了 NBA 的进步和发展。
>
> ——引语

·百分神迹

NBA的数据统计包罗万象，如果把所有的历史纪录比作一项皇冠，那么威尔特·张伯伦单场100分绝对是皇冠上最闪耀的那颗明珠。1962年3月3日，张伯伦所在的费城勇士队（金州勇士队的前身）客场挑战纽约尼克斯队，当时的比赛场地是破旧的Hershey体育馆，现场观众只有4124人。但就是在这样的条件下，张伯伦打出了NBA历史上最具统治力的个人表演，他用自己惊世骇俗的表现让这场比赛名垂青史。

张伯伦此役打满48分钟，没有休息一秒钟。在上半场，张伯伦攻下41分，第三节他再得28分。而在第四节，他先是打破了NBA常规时间48分钟里的得分纪录（73分），之后又超过他自己在几个月前经历三个加时才创造的单场78分的历史纪录。张伯伦朝着单场100分的里程碑大步迈进，勇士队所有队友都为他传球。张伯伦不辱使命，全场63投36中，两项数据均创NBA纪录，而生涯罚球命中率只有54%的他也在这一天有如神助，罕见地32罚28中，最终将自己的得分定格在了100分。

张伯伦成为NBA历史上首位也是迄今唯一能够在一场比赛中至少得到100分的球员，在历史单场得分榜上排第二的是湖人队巨星科比·布莱恩特（81分），两者之间还差了19分。

单场100分只是张伯伦恐怖进攻统治力和爆炸力的缩影。张伯伦在1961—1962赛季场均轰下50.4分，之后的1962—1963赛季场均又砍下44.8分，他是NBA历史上唯一单赛季场均得分突破40分和50分大关的球员。整个职业生涯，张伯伦场均得分为30.07分，排名历史第二，仅次于乔丹的30.12分，但张伯伦那个时代没有三分球，他还罚丢了5805个罚球，是NBA错失罚球最多的球员。

威尔特·张伯伦 得分历史纪录

1	单赛季总得分纪录（4029分，历史上唯一单赛季得分突破4000分的球员）
2	连续七个赛季得分王（与乔丹并列历史第一）
3	半场得分纪录（59分）
4	三节得分纪录（69分）
5	32次单场至少得到60分
6	118次单场至少得到50分
7	271次单场至少得到40分
8	单赛季45次得到50+
9	单赛季63次得到40+
10	连续4场60+（历史上唯一能背靠背两场都砍下60+的球员）
11	连续7场50+
12	连续14场40+
13	连续65场30+
14	连续126场20+
15	最快达到10000分（237场）
16	最快达到20000分（499场）
17	最快达到30000分（941场）
18	单赛季进球最多纪录（1597个）

·天纵奇才

张伯伦是NBA历史上不世出的天才，他的身体素质、运动天赋和比赛能力都远远凌驾于同时代的球员之上。张伯伦可以说是出道即巅峰，他在NBA的首场比赛里，就成为场上的佼佼者，以27投17中，攻下43分和28个篮板，创造了NBA球员生涯首战的得分纪录。

整个1959—1960赛季，张伯伦出战72场比赛，场均得到37.6分、27个篮板，创造了NBA球员在新秀赛季的场均得分和篮板纪录。与此同时，张伯伦在自己的"菜鸟"赛季不仅入选全明星，还包揽了常规赛MVP、最佳新秀、得分王和篮板王。张伯伦和奇才队名宿韦斯·昂赛尔德是NBA历史上仅有的两位在新秀赛季就荣膺常规赛MVP和最佳新秀的球员。

威尔特·张伯伦 新秀赛季的历史纪录

1	赛季总得分纪录（2707分）
2	赛季总篮板纪录（1941个）
3	单场得分纪录（58分）
4	单场篮板纪录（45个）
5	季后赛单场得分纪录（53分）
6	季后赛单场篮板纪录（35个）
7	连续5场得到40+

·篮下霸主

张伯伦身高2.16米，体重从刚入联盟的110千克一路增重到超过140千克。相比同时代球员，张伯伦不仅有着巨大的体格优势，而且速度和弹跳惊人。根据报道，他百米速度在12秒以内，跳高能达到1.99米，三级跳成绩为14米。

　　所以不难想象，这样的张伯伦到了NBA赛场上就成了名副其实的"篮下巨无霸"。除了得分之外，张伯伦还保持着为数众多的篮板球纪录。张伯伦职业生涯一共抢到23924个篮板，是NBA历史篮板王。他生涯场均22.9个篮板，同样也是NBA纪录。在1960—1961赛季，张伯伦场均27.2个篮板，创NBA纪录。在单赛季场均篮板纪录排行榜上，他一人包揽了前三的位置。

　　可惜的是，张伯伦所处的时代，NBA官方并没有统计盖帽数据。但有人曾专门在某些场次中手动记录张伯伦的盖帽数，他有过一场比赛送出25次盖帽的疯狂表现。

　　张伯伦在篮下威胁之大，从NBA数次因他改变规则就可见一斑。由于张伯伦的出现，联盟把篮下的三秒区从3.66米扩展到了4.88米。在张伯伦的早期比赛中，他的队友经常把球扔向篮筐，然后张伯伦依靠弹跳和身材优势抢到球，把球放进篮筐。为了限制张伯伦，联盟增设进攻干扰球的规则。此外，据报道，张伯伦能在罚球时从罚球线起跳扣篮，联盟为此延长了罚球线与篮筐的距离，同时规定罚球队员不能越过罚球线。

威尔特·张伯伦 篮板球历史纪录

1	11次篮板王
2	历史篮板总数纪录（23924个）
3	13个赛季单赛季至少抢下1000个篮板
4	常规赛单场篮板球纪录（55个）
5	单赛季总篮板球纪录（2149个）
6	季后赛单场篮板球纪录（41个）
7	季后赛半场篮板球纪录（26个）
8	14次单场篮板40+
9	53次单场篮板35+

· 钢铁战士

在张伯伦众多纪录当中，最不可思议的是他在1961—1962赛季创造的场均48.5分钟的出场时间纪录，竟然超过了NBA比赛的常规时长48分钟。那么，张伯伦是如何做到的呢？原来在1961—1962赛季，勇士队在80场常规赛共打了10个加时赛，一名球员理论上可以出战3890分钟，张伯伦打了其中的3882分钟，剩余8分钟没打还是因为他在比赛中吃到两次技术犯规，被提前罚下场。

在张伯伦的整个职业生涯中，他有8个赛季场均出场时间领衔全联盟，在1959—1960赛季到1963—1964赛季，他连续5个赛季是联盟场均出战时间最多的球员，两项数据都是NBA的历史纪录。张伯伦作为一名内线球员，在承受着禁区里强对抗的情况下，居然场均能打接近48分钟，还能贡献高效的表现，这在现代篮球历史上是无法想象的。

威尔特·张伯伦 出场时间的历史纪录

1	生涯场均出场时间纪录（45.8分钟）
2	单赛季总出场时间纪录（3882分钟）
3	单赛季79次打满全场
4	连续47场打满全场
5	季后赛生涯场均出场时间纪录（47.2分钟）
6	连续5个赛季上场总时间联盟第一

· 篮球皇帝

NBA代表着篮球世界的最高竞技水准，翻开NBA的历史画卷，这座殿堂里人才辈出，星光璀璨，争奇斗艳。但回顾NBA历史，像张伯伦这样划时代的球员还是少之又少，他改变了外界对球员的认知，重新定义了篮球运动，推动了联盟的进步和发展。

据统计，张伯伦至少保持着68项NBA历史纪录，其中多项纪录都是前无古人、后来者也难以逾越的。张伯伦是历史上唯一总得分超过30000分、总篮板超过20000个的球员，他共6次单赛季得分和篮板总数称霸联盟，而其他球员没有一人能在一个赛季里达成这样的成就。张伯伦在1967—1968赛季里总的得分、篮板和助攻数都傲视联盟，他是唯一能做到这一点的球员。张伯伦共8次在比赛中至少得到40分、40个篮板，而其他球员没有一人能打出这样的表现。

单就成就而言，张伯伦不是NBA最伟大的球员，但他留下了最震撼的个人表现和数据纪录。张伯伦被誉为"篮球皇帝"，当之无愧。

威尔特·张伯伦 生涯主要荣誉

1	2次总冠军
2	4次常规赛MVP
3	1次总决赛MVP
4	1996年入选NBA50大巨星
5	2021年入选NBA75大巨星
6	1978年入选名人堂
7	整个职业生涯连续1045场比赛没有6次犯规被罚下场的纪录

全能先生　奥斯卡·罗伯特森

在篮球比赛中，得分、篮板、助攻、抢断和盖帽是五大基础数据，如果一名球员在其中三项统计中数据上双，那么他就算达成三双，这是评估球员能力全面性的重要标准。而聊起三双的历史，我们首先要提到的名字就是奥斯卡·罗伯特森，因为他是定义了三双的球员。

——引语

全能先生

罗伯特森是联盟的上古大神，他出生于1938年，1960年以状元身份加盟了辛辛那提皇家队（萨克拉门托国王队的前身）。在首个赛季，罗伯特森就打出了场均30.5分、10.1个篮板和9.7次助攻的准三双数据。在NBA历史上，从来没有一名新秀球员能够打出这样的表现。

生涯第二个赛季，即1961—1962赛季，罗伯特森在球场上打得更加从容，整个赛季出战79场，41次拿下三双，场均能够轰下30.8分、12.5个篮板、11.4次助攻。罗伯特森成为NBA历史上首位打出赛季场均三双的球员，他单赛季41次三双也被视为联盟历史最难打破的纪录之一。罗伯特森创造的纪录尘封55年之后，联盟才有了第二位球员打出赛季场均三双的表现——拉塞尔·威斯布鲁克在2016—2017赛季完成场均三双的壮举，并以单赛季42次三双的表现打破了罗伯特森的纪录。

令人稍感遗憾的是，在罗伯特森所处的时代，球员们对待三双数据并没有像现在这般重视，媒体和球迷也不热衷于讨论三双。因此，罗伯特森并没有刻意争取打出更多的三双场次和场均三双赛季，他1962—1963赛季场均28.3分、10.4个篮板和9.5次助攻，

1963—1964赛季场均31.4分、9.9个篮板和11次助攻，1964—1965赛季场均30.4分、9个篮板和11.5次助攻，都非常接近场均三双。

尽管如此，罗伯特森整个职业生涯还是在常规赛送出了181次三双。罗伯特森是NBA全能球员的代表，他职业生涯共得到26710分、7804个篮板和9887次助攻，是NBA历史上第一个达成生涯26000+分、7000+篮板、9000+助攻的球员。直到后来，勒布朗·詹姆斯才加入这一行列当中。

奥斯卡·罗伯特森 生涯主要荣誉

| 1次总冠军 |
| 1次常规赛MVP |
| 12次全明星 |
| 3次全明星MVP |
| 11次最佳阵容 |
| 6次助攻王 |
| 1980年入选名人堂 |
| 1996年入选NBA50大巨星 |
| 2021年入选NBA75大巨星 |

巨人控卫　埃尔文·约翰逊

　　身高 2.06 米出任控球后卫，新秀赛季斩获总决赛最有价值球
员，五夺总冠军写下湖人队历史浓墨重彩的一笔，埃尔文·约翰
逊一生达成了无数匪夷所思的成就，他与拉里·伯德分庭抗礼的
对决，拯救了那个时代的 NBA 收视率。NBA 历史第一控卫，他当
之无愧！

——引语

·颠覆时代的"巨人控卫"

　　以状元秀身份加盟湖人队，1979—1980赛季他便出任球队主力
控卫，场均送出7.3次助攻。2.06米的身高却可以担任核心后卫，
约翰逊的控、传、运能力不言自明。在随后的生涯中，他的赛季
场均助攻数一直保持在7次以上（时隔4年复出的1995—1996赛季除
外）。不仅如此，他还曾经连续9个赛季场均助攻两位数，成为湖
人队不折不扣的"大脑"。

　　整个生涯，他贡献10141次助攻、1724次抢断。作为一名高大
控卫，他的视野、传球、组织、串联让人印象深刻。在防守端，他
的表现同样可圈可点，4个赛季荣膺助攻王，2个赛季加冕抢断王。
在那个时代，他就是球场上的颠覆者，他就是前无古人后也难有来
者的超级巨星。

·统治攻防的全能战士

　　1979—1980赛季，湖人队与76人队在总决赛中激战，前5场比
赛湖人队3∶2领先。第六战赛前，球队主力中锋贾巴尔受伤，湖人

队被迫让2.06米的约翰逊改打中锋。

在那场比赛中，约翰逊最终轰下了42分、15个篮板、7次助攻、3次抢断，用全能的表现帮助湖人队夺冠。这样的表现让世人啧啧称奇，一名主打控卫的球员，在总决赛的舞台、在最关键的比赛中，改打中锋并统治全场，他的实力和天赋被彰显得淋漓尽致，比赛中他甚至模仿贾巴尔的招牌技能，用勾手命中关键投篮。

凭借自己突出的身高、出色的运动能力以及卓越的篮球智商，约翰逊几乎可以出任球场上的任何位置。整个职业生涯，他场均贡献19.5分、7.2个篮板、11.2次助攻、1.9次抢断以及0.4次盖帽，是一名不折不扣的全能战士。

在那个三双还非常稀缺的年代，约翰逊在并不算长久的生涯中便贡献了138次三双，结合时代背景以及他的生涯长度，这个数字已经足够惊人，他绝对称得上NBA历史上最全能的球员之一。

· 屡造神奇的超级巨星

1979—1980赛季总决赛，约翰逊的神奇表现不仅帮助球队收获总冠军，也让他自己荣膺总决赛MVP，至此他缔造了一个前无古人后也难有来者的神奇纪录，以20岁276天的年龄加冕总决赛MVP，成为历史上获此殊荣最年轻的球员。

新秀赛季的高光之后，约翰逊逐步成为湖人队的绝对核心，他用两次神奇的战役确立了自己的队史地位。1984—1985赛季总决赛，他面对拉里·伯德领军的波士顿凯尔特人队，率领湖人队以4∶2取胜，系列赛场均贡献18.3分、6.8个篮板、14.0次助攻。这次总决赛的取胜，也是湖人队队史首次在季后赛中击败死对头凯尔特人队。

1986—1987赛季和1987—1988赛季，他又率领湖人队蝉联了NBA总冠军，使湖人队成为比尔·拉塞尔率领的凯尔特人队之后，又一支蝉联总冠军的球队，也就此写下了湖人队队史最重要的时刻之一。

生涯末期，被查出HIV（人类免疫缺陷病毒）阳性之后，约翰逊继续着自己的神奇。1992年全明星赛，他仍然贡献了25分、9次助攻、三分命中率100%的数据。尽管经历几年与病魔的抗争，他于1995—1996赛季卷土重来，阔别赛场已久却并未影响他的状态，回归首场比赛，他仍然拿到了19分和10次助攻，并且在当赛季的32场比赛中场均贡献14.6分、6.9次助攻和5.7个篮板。

埃尔文·约翰逊 生涯主要荣誉

5次总冠军

3次常规赛MVP

3次总决赛MVP

2次全明星MVP

12次全明星

10次最佳阵容

4次助攻王

2次抢断王

1次奥运会冠军

1996年入选NBA50大巨星

2002年入选名人堂

2019年荣膺NBA终身成就奖

2021年入选NBA75大巨星

神奇大鸟　拉里·伯德

三分大赛三连冠，彰显了他卓越的投射能力；MVP 三连霸至今后无来者，证明了他在那个时代无解的统治力；全能前锋的代表在退役后又斩获最佳教练和最佳总经理，将他的全能演绎得更加神奇，这就是拉里·伯德神奇的生涯。在那个与"魔术师"约翰逊分庭抗礼的年代，他的飘逸、他的技巧、他的统治力给 NBA 留下了史诗般的烙印。

——引语

·精准投射："变态准"的投手

拉里·伯德的投篮有多准？897场常规赛，他投出了49.6%的投篮命中率、37.6%的三分命中率和88.6%的罚球命中率，1986—1987赛季和1987—1988赛季，他连续入围"180俱乐部"（投篮命中率50%+、三分命中率40%+、罚球命中率90%+），这样纵贯整个生涯的稳定投射，让人叹为观止。

整个生涯，伯德连续三次夺得全明星三分大赛冠军，在射手云集的舞台上，实现三连冠的难度可想而知。

更让人拍手叫绝的，则是他在1979年之后，右手中指就无法弯到90度，也无法伸直，而以上"变态准"的数据，是他带着一只伤手投出来的，叫人无法想象。

他的生涯投篮命中率，媲美一流中锋；他的生涯罚球命中率，比肩联盟顶级后卫。作为一名身高2.06米的高大前锋，他能将自己的投篮技巧磨炼至如此纯熟，确实伟大。

·顶级超巨：MVP 三连霸创历史

在NBA历史上，仅有三名球员完成过连续三个赛季斩获常规赛MVP，拉里·伯德是迄今为止的最后一个。1983—1984赛季、1984—

1985赛季、1985—1986赛季，拉里·伯德都加冕MVP，成为那个时代的顶级超级巨星和最强统治者。

1983—1984赛季，对于伯德而言是梦幻的，他不仅斩获了常规赛MVP，还在总决赛"抢七大战"中击败了约翰逊领军的湖人队。那个系列赛他场均贡献27.4分、14个篮板，毫无悬念地拿到总决赛MVP，实现了常规赛MVP、总决赛MVP和总冠军的包揽，这一年是名副其实的"伯德年"。

1984—1985赛季，伯德迎来了爆发的赛季，赛季场均贡献28.7分，排名联盟第二，单场砍下60分，整个赛季三分球命中率高达42.7%。凭借如此表现，他成功蝉联常规赛MVP。

1985—1986赛季，伯德迎来生涯的巅峰，他率领球队获得了67胜15负的战绩，总决赛第六场（最后一场），他贡献了29分、11个篮板、12次助攻，帮助球队以4：2击败休斯敦火箭队夺冠，再度当选总决赛MVP，并且再度实现了常规赛MVP、总决赛MVP和总冠军的包揽。

在那个时代，连续三年斩获MVP，两次实现荣誉的全包揽，伯德的统治力可见一斑。MVP三连霸的伟业，更是至今无人再能实现，含金量不言自明。

· 全能大鸟：场上场下演绎伟大

詹姆斯横空出世之前，拉里·伯德是NBA历史上最全面的小前锋，他是第一个连续5年打出场均20分、10个篮板、5次助攻的球员，他在场上不仅能用卓越的投篮技巧摧城拔寨，还拥有出色的组织能力，总能为队友创造机会，生涯场均6.3次助攻便是最好的证明，总决赛三双率队夺冠则是他全面能力的最好展现。

然而拉里·伯德的全能不仅如此，退役之后他在场下继续演绎伟大：1997—2000年，伯德执教印第安纳步行者队，在1998年当选NBA年度最佳教练；2003年他担任步行者队的总经理，2012年荣获NBA年度最佳总经理。

至此，拉里·伯德成为NBA历史上唯一达成常规赛MVP、总决赛MVP、年度最佳教练、年度最佳总经理大满贯的人。

场上的拉里·伯德用出众的技巧和全能属性，统治赛场；场下的他用智慧和才能，持续为NBA赛场做出自己的贡献，这样的"全能"表现很难再有人复刻。

拉里·伯德 生涯主要荣誉

3次总冠军

3次常规赛MVP

2次总决赛MVP

1次全明星赛MVP

12次全明星

1次最佳新秀

10次最佳阵容

3次最佳防守阵容

1次奥运会冠军

1996年入选NBA50大巨星

1998年入选名人堂

1998年荣膺NBA年度最佳教练

2012年荣膺NBA最佳总经理

2019年荣获NBA终身成就奖

2021年入选NBA75大巨星

篮球之神　迈克尔·乔丹

迈克尔·乔丹，NBA 历史上最伟大的球员，没有之一。

乔丹的篮球生涯是一部神话，却从不给人夸张之感，他的超凡入圣，来自非同凡响的天赋，更来自不可思议的努力，七年艰苦跋涉终成王者，两度三连王朝独孤求败，乔丹的传奇是艰苦奋斗的历程，也是辉煌不朽的旅途。

——引语

职业体育是一座金字塔，越往上攀登人数越少，能够抵达高峰的是极少数，站在山巅的更是凤毛麟角，而乔丹做到了独占王座，睥睨天下。

乔丹的故事瑰丽铿锵，是好莱坞编剧也难以写就的梦幻之作。他是篮球历史上最有观赏性的赛场舞者，漫步云端，风华绝代。他是篮球历史上最无可挑剔的技术大师，攻守一体，冠绝古今。他是篮球历史上最傲霜斗雪的关键先生，见血封喉，一锤定音。他是篮球历史上最叱咤风云的头号赢家，六冠加冕，气吞山河。

天赋绝顶，刻苦超绝，技艺完美，冷血坚忍，勇挑重担，百折不挠，问鼎天下，独步江湖，乔丹展示了篮球运动员的终极形态，是毫无瑕疵的篮球丰碑。

乔丹的篮球之路如一幅灿烂的画卷，当你徐徐展开，呈现在眼前的是写满惊叹号的篮球英雄史，大气磅礴，引人入胜。那是难以置信的神迹，前无古人，至今亦无来者。

· 不败至尊

乔丹六次带领公牛队杀入总决赛并夺冠，六次拿下总决赛MVP，争冠系列赛从未失手，这些傲人成绩为他戴上了NBA历史第一人的"皇冠"。

乔丹在总决赛场均33.6分、6个篮板、6次助攻，出战35场总决赛，35场比赛得分均为20+，NBA历史上无出其右。乔丹两次完成三连冠，标志着两个篮球王朝的建立。1990—1991赛季乔丹首次参加总决赛，场均31.2分、6.6个篮板、11.4次助攻、2.8次抢断、1.4次盖帽，率队击败湖人队，开启公牛队霸业。1990—1991赛季总决赛第二场，乔丹连续投进13球，创造了NBA总决赛历史上的连续进球纪录。1991—1992赛季总决赛，乔丹场均35.8分带队战胜开拓者队完成两连冠；系列赛首战，乔丹半场轰下35分，历史第一。

1992—1993赛季总决赛，乔丹带队击败太阳队完成首个三连冠，他在系列赛中场均狂劈41分，其间连续4场40+，6场比赛均为30+，皆为总决赛纪录。首个三连冠王朝后，乔丹因为父亲遇害等原因退役，打了一年半的棒球，1995年复出，在东部半决赛不敌魔术队。乔丹卧薪尝胆，于1995—1996赛季神将归来，常规赛带队豪取72胜，这是NBA历史上首次出现单赛季获胜场次70+。随后，公牛队又在东部决赛横扫一年前淘汰他们的魔术队，总决赛击败超音速队，第二个三连冠就此开启。

乔丹在1996—1997赛季总决赛场均32.3分，首战压哨绝杀爵士队，第五场时他虽食物中毒却带病坚持，登场44分钟贡献38分、7个篮板、5次助攻、3次抢断，投进关键三分带队取胜，第六场他又拿下39分，锁定第五冠。1997—1998赛季总决赛，乔丹领军再战爵士队，场均33.5分，第六场独取45分，最后时刻一断一投将第六冠收入囊中，就此封神。

迈克尔·乔丹 总决赛历史纪录

1	6次总决赛MVP
2	总决赛系列赛场均得分41分
3	总决赛连续4场40+
4	总决赛连续35场20+
5	总决赛半场得分35分
6	总决赛连续进球13球

·得分机器

　　得分是乔丹的标志，他是NBA历史上顶级的攻击手。乔丹NBA生涯常规赛场均30.1分，历史第一。他在NBA打了15个赛季，10次当选得分王（场均得分），自1986—1987赛季场均37分首次领跑全联盟开始，连续7个赛季得分榜第一，这也是NBA历史纪录。乔丹连续得分王中断是因为退役，他在1995—1996赛季重新夺回得分王位置，并连续三年称王。

　　乔丹在新秀年就以2313分成为赛季总得分王，除了因伤只打了18场常规赛的1985—1986赛季，以及中途复出只参加了17场比赛的1994—1995赛季，乔丹在公牛队的其他11个赛季都是总得分王，这项得分数据在NBA历史上无人能及。

　　在乔丹的NBA征程中，他有8个赛季场均得分30+，历史纪录难以撼动，得分能力爆炸如张伯伦也只有7个赛季场均得分30+。1986—1987赛季至1992—1993赛季，乔丹连续7个赛季场均得分30+。乔丹打了1072场常规赛，其中562场比赛得分30+，30+场次历史第一。乔丹用1011场比赛达到31000分，1059场比赛迎来32000分里程碑，都是历史最快。乔丹10个赛季成为联盟进球王，连续7个赛季排在进球榜第一，同为NBA历史最佳。

　　季后赛中的乔丹场均33.4分，也是历史第一。季后赛8场50+，连续2场50+，23场45+，38场40+，109场30+，173场20+，连续60场20+，连续179场得分上双（乔丹总计打了179场季后赛），单赛季季后赛总得分759分，单场63分，5次季后赛系列赛场均40+，这些均为NBA季后赛纪录。NBA季后赛历史上总计出现12次单场55+，乔丹一人占了5次。

迈克尔·乔丹 得分历史纪录

1	常规赛场均得分（30.1分）
2	10次得分王
3	连续7个赛季得分王
4	11个赛季总得分第一
5	8个赛季场均30+
6	562场得分30+
7	最快31000分（1011场）
8	最快32000分（1059场）
9	10个赛季进球最多
10	连续7个赛季进球第一
11	季后赛场均得分（33.4分）
12	单赛季季后赛总得分（759分）
13	季后赛单场得分（63分）
14	季后赛系列赛场均40+（5次）

· 无情铁闸

　　在进攻端得分如探囊取物的乔丹，在防守端也冷酷无情，是站在历史顶端的防守大闸。1997—1998赛季总决赛第六场就是乔丹攻守两端统治赛场的经典之作，他在比赛生死时刻抢断卡尔·马龙得手，单打中投一剑封喉。

　　1987—1988赛季，乔丹场均35分连续第二年成为得分王，拿到常规赛MVP，同时当选最佳防守球员。在NBA历史上，只有乔丹做到包揽单赛季常规赛MVP、得分王与最佳防守球员。即便不将MVP计算在内，乔丹也是NBA历史上唯一在同一个赛季拿到得分王与最佳防守球员之人。

　　乔丹曾3次加冕联盟抢断王，分别是1987—1988赛季、1989—1990赛季和1992—

1993赛季，他在这三个赛季也是联盟得分王，乔丹是历史上首位单赛季得分与抢断两榜第一的球员。乔丹有11场比赛单场抢断8次或以上，NBA历史上无其他球员能做到。1988年11月9日对凯尔特人队，乔丹打出52分、9次抢断，上半场8次抢断，历史第一。

抢断能力出类拔萃的乔丹，在封盖上也是后卫中的翘楚，其NBA生涯送出893次盖帽，是后卫球员中的盖帽王。在1987—1988赛季，乔丹完成了131次盖帽，这是后卫球员单赛季盖帽纪录。乔丹是NBA历史上首位单赛季抢断200+、盖帽100+的球员，他在1986—1987赛季抢断236次，盖帽125次，是NBA历史上唯一做到两个赛季抢断200+、盖帽100+的球员（1986—1987赛季、1987—1988赛季）。

乔丹NBA生涯9次入选赛季最佳防守阵容一阵，是NBA历史上进入最佳防守一阵次数最多的球员。乔丹9次拿到最佳防守一阵席位时，都是该赛季得分王，他在两个三连冠期间均实现总决赛MVP、得分王、最佳阵容一阵与最佳防守阵容一阵大包揽。

迈克尔·乔丹 防守历史纪录

1	唯一单赛季包揽常规赛MVP、得分王与最佳防守球员
2	11次单场抢断8+
3	半场抢断第一（8次）
4	后卫盖帽第一（893次）
5	后卫单赛季盖帽第一（131次）
6	唯一两个赛季抢断200+、盖帽100+
7	9次最佳防守阵容

· 空中飞人

乔丹是NBA历史最佳得分手，也是最佳防守者，与此同时，他还是伟大的表演家。乔丹的灌篮飘逸绝伦，难度与艺术性兼备，他在空中翱翔飞驰，会给人带来征服地心引力的遐想。

与很多爱惜"羽毛"、拒绝扣篮大赛邀请的巨星不同，乔丹从新秀赛季开始四年内三次出征。1985年的扣篮大赛,初出茅庐的乔丹就奉送了空中转体90度大回环的"云端画作"。1987年的灌篮对决,乔丹有两大佳作写入历史,一是腾空后身体近乎与地板平行,以亲吻篮筐的高度完成惊世一扣。

1987年的第二个佳作是复制,不,更应该说是在前辈给出经典示范后,将这个动作的难度系数提升到新的等级,他效仿"J博士"的罚球线起跳灌篮,以优美的身姿从天空滑翔而过,完成了致敬与加冕,收获生涯首个扣篮大赛冠军。

1988年的卫冕之战,乔丹遭遇了另一位扣篮大师多米尼克·威尔金斯。两人是风格迥异的灌篮天才,威尔金斯如同一架扣篮轰炸机,每一球都仿佛在空中爆裂的炸弹,是暴力美学的极致,而乔丹更像是一位在空中执笔的画家,以精美细腻的笔法创作出直冲云霄的航线。

乔丹与威尔金斯共同进入决赛,威尔金斯的非凡表现令冠军归属的悬念保留到最后一扣,乔丹必须拿到至少49分(50分满分)才能夺冠。乔丹再次选择了挑战罚球线,他全场奔袭展翅而飞,仿佛脚踏登云梯,篮球世界最先进的"航班",在那一刻实现了人类的飞行梦想,铸就了扣篮大赛历史上第一个两连冠。

· 璀璨巨星

荣誉是能力的体现,在NBA历史上,任意一项荣誉的数量能与乔丹比肩的都不多,如果将各项荣誉综合比较,乔丹更是毫无疑问的历史第一。

常规赛MVP是常规赛统治力的体现,总决赛MVP是季后赛制霸的展示,乔丹NBA生涯5次常规赛MVP,6次总决赛MVP,两项相加达到11次。在NBA历史上,贾巴尔与勒布朗·詹姆斯是两项MVP次数相加最接近乔丹的,两人都是常规赛MVP、总决赛MVP总计8次,比乔丹少了3次。乔丹在NBA打了15年,贾巴尔征战NBA20年,2021—2022赛季是詹姆斯在NBA的第19年。

从NBA生涯第一年斩获最佳新秀开始,乔丹一路走来,不断将荣誉收入囊中,将最佳新秀、最佳防守球员(1次)、总冠军(6次)、常规赛MVP(5次)、总决赛MVP(6次)与全明星赛MVP(3次)次数相加,乔丹的荣誉数据达到了22,该项数据历史第一。乔丹是NBA历史上唯一实现最佳新秀、最佳防守球员、常规赛MVP、总决赛MVP与全明星赛MVP大满贯的球员。

乔丹的15年NBA生涯,14次入选全明星(1994—1995赛季复出时全明星周末已经结束，因此算是一次"落选"），10次得分王，3次抢断王，11次赛季最佳阵容（10次一阵），9次赛季最佳防守阵容（全部是一阵），攻守两端荣誉全满，令人无可挑剔。

乔丹在1984年与1992年带领美国男篮获得奥运会金牌，他在2009年入选篮球名人堂，2015年进入国际篮联名人堂。不仅仅是NBA和国际赛场上的荣誉，乔丹在媒体评奖方面也是一骑绝尘。*SLAM* 推出NBA历史五十大巨星，乔丹位列第一。ESPN（娱乐与体育节目电视网）的NBA历史球星排行榜、20世纪北美运动员榜，乔丹都是位于榜首。

• 不老王者

很多球员在年过30之后开始走下坡路，而乔丹在33岁的时候开启了NBA生涯第二次巅峰，他在1995—1996赛季至1997—1998赛季带领公牛队完成第二个三连冠。在这三个冠军赛季中，乔丹共获2次常规赛MVP，3次总决赛MVP，3次得分王，3次最佳阵容一阵，3次最佳防守阵容一阵，常规赛与季后赛全部满勤。

1997—1998赛季是乔丹在公牛队的最后一年，35岁的乔丹包揽了该赛季的总冠军、总决赛MVP、常规赛MVP、全明星赛MVP、得分王、最佳阵容一阵与最佳防守阵容一阵。在1997—1998赛季常规赛结束时，乔丹的年龄是35岁61天，他成为NBA历史上领跑单赛季得分榜年纪最大的球员。

当2001年乔丹在奇才队复出时，他已经38岁，但依旧做到连续两个赛季场均得分20+。2002—2003赛季是乔丹NBA生涯的最后一年，他打满82场，42场比赛20+，9场30+，3场40+。2003年2月21日，乔丹在奇才队89∶86击败篮网队的比赛中砍下43分，以40岁4天的年纪，成为NBA历史上单场40+年龄最大的球员。在NBA历史上，只有乔丹做到了40岁后仍能单场40+。

2001年12月29日，乔丹在奇才队107∶90战胜黄蜂队的比赛中轰下51分，乔丹当时以38岁315天成为NBA历史上单场50+最老的球员，这项纪录直到2019年才被贾马尔·克劳福德打破（39岁20天）。

迈克尔·乔丹 生涯主要荣誉

6次总冠军

5次常规赛MVP

6次总决赛MVP

3次全明星赛MVP

1次最佳防守球员

1次最佳新秀

14次全明星

11次最佳阵容

9次最佳防守阵容

10次得分王

3次抢断王

2次奥运会冠军

2009年入选名人堂

2015年入选国际篮联名人堂

1996年入选NBA50大巨星

2021年入选NBA75大巨星

迈克尔·乔丹
年薪 3000 万美元
超越工资帽

关于联盟的薪资纪录，最不可思议的当数迈克尔·乔丹在1996—1997赛季签下的一年3000万美元的合同。这并不是说乔丹不值这么多年薪，以乔丹当时的实力、影响力和对公牛队的贡献，他索要多高的年薪都不过分。乔丹的合同的神奇之处在于，在1996—1997赛季，联盟球队的工资帽为2430万美元，而乔丹一个人的年薪就超过了工资帽。

在NBA现行的薪资规则下，乔丹的合同按理是不可能存在的，因为就算是再顶尖的球星，他们在续约时起薪最高也只有工资帽的35%，绝无可能超过工资帽。但在1996—1997赛季的大环境下，乔丹的合同是完全合乎规则的。

1996年夏天，乔丹在率领公牛队创造常规赛72胜的纪录并在季后赛重夺总冠军后成为完全自由球员，根据劳资协议中的伯德条款，球队与己队球员续约，可以在工资帽之上进行续约。而当时的联盟没有顶薪合同这一说，合同金额不受限制，同时也尚未出台奢侈税。

在续约谈判时，乔丹开出了年薪3000万美元的要求，公牛队没有理由不答应，于是奇怪的现象就出现了。乔丹在1995—1996赛季工资仅为385万美元，他下一年的年薪竟然暴涨近八倍，而且仅仅是乔丹在1996—1997赛季的薪水，就达到了他从1984—1985赛季到1995—1996赛季的工资总和。

　　在1996—1997赛季结束之后，乔丹再次和公牛队签署了一年合同，他的年薪涨到了3300万美元。在公牛队内部，乔丹的年薪远远超过了他的队友，在1997—1998赛季，公牛队其他球员没有一人的年薪超过500万美元。而放眼全联盟，乔丹3300万美元的年薪也再次超越了工资帽，那个赛季的工资帽为2690万美元，他一个人的薪水就超过了联盟球队的平均工资总额。

　　乔丹1997—1998赛季3300万美元的年薪，很长时间以来都是联盟的最高年薪纪录，直到2017—2018赛季，库里和詹姆斯的年薪才超过了乔丹。如果把通胀因素考虑在内，乔丹在1996—1997赛季和1997—1998赛季这两年的合同，应该是NBA历史上最值钱的合同。

中锋新标杆　奥拉朱旺

NBA 历史盖帽王，NBA 历史首位包揽 MVP、FMVP（总决赛最有价值球员）、DPOY（年度最佳防守球员）的球员，率领火箭队从常规赛第六名一路逆袭登顶，奥拉朱旺的传奇生涯让人叹为观止。他在"四大中锋"时代彰显的统治力，含金量十足。他的梦幻舞步与铁血防守形成了冲击性极强的对比，一个集技巧与强硬于一体，一个在休斯敦火箭队队史写下不朽篇章的传奇中锋，职业生涯书写了太多神迹。

——引语

中锋新标杆

·铁血大梦

奥拉朱旺是无可争议的火箭队队史第一人，究其原因，便是他曾经两度率领球队夺得总冠军，这也是球队仅有的两次夺冠经历。在这两次总冠军征程中，奥拉朱旺用他的铁血和强硬扛起了球队，也给这座城市带来了期盼已久、至高无上的荣耀。

1993—1994赛季，奥拉朱旺率领球队闯入总决赛，对手是他在大学时期的老对手帕特里克·尤因率领的纽约尼克斯队。火箭队陷入2:3落后的绝境，奥拉朱旺连续两场比赛拯救球队。他先是在第六战送出制胜封盖，"抢七"中又拿到25分、10个篮板，系列赛场均贡献26.9分，力压场均18.9分的尤因，率领火箭队夺冠。

1994—1995赛季，火箭队的夺冠经历更加热血。受困于奥拉朱旺的伤病，常规赛火箭队仅取得了47胜35负的战绩，排名西部第六。但在季后赛征程中，他们却一次次地缔造神迹。

先是在首轮逆转爵士队，随后次轮在1:3落后太阳队的绝境中连胜3场，逆转挺进西部决赛。面对常规赛MVP罗宾逊领军的马刺队，奥拉朱旺场均贡献35.3分，命中率达到恐怖的56%，系列赛最后两战总计狂揽81分，率领火箭队挺进总决赛。

面对奥尼尔和哈达威率领的魔术队，奥拉朱旺每场比赛都得到30分以上，场均贡献33分、10.3个篮板、2.8次封盖，率领球队横扫魔术队后登顶。

以常规赛第六名的身份最终加冕总冠军，休斯敦火箭队创造了NBA的历史，迄今为止还没有更低排名的球队能够染指奥布莱恩杯。

· 全能战士

以"梦幻脚步"独步联盟的奥拉朱旺，攻防两端都是多面手，他是一位不折不扣的全能战士。整个职业生涯，他场均贡献21.9分、11.1个篮板、2.5次助攻、1.8次抢断和3.1次盖帽，五项主要数据都非常亮眼。

在1990年，他曾经拿到过18分、16个篮板、10次助攻、11次盖帽的四双数据，打出了让人咋舌的全能表现。不仅如此，NBA历史上总共只有13名球员做到五项主要数据单场全部5个以上，奥拉朱旺一人就曾经做到过6次，全能属性彰显无遗。

在进攻端，奥拉朱旺出色的脚步保障了他的篮下威慑力，不俗的传球视野也能帮助他为队友创造机会。在防守端，他更是统治力十足的存在。生涯5次入选最佳防守阵容一阵，以及2次篮板王、3次盖帽王的成绩，将其防守端的统治力彰显得淋漓尽致。

四大中锋的时代，正是NBA对抗最为激烈、节奏最为沉缓的年代。在那个充斥着内线肉搏、充斥着对抗的时代，火箭队之所以能够两次登顶，正是因为拥有奥拉朱旺这种基石级别的球员，他不仅能够自己得分，还能在球场上的各个方面为球队做出贡献。

· 盖帽狂人

生涯3830次盖帽，排名联盟第一，前无古人，后尚未有来者。单赛季场均送出4.6次盖帽，生涯场均盖帽3.1次，季后赛场均盖帽3.3次，曾单场送出12次封盖。奥拉朱旺是一名不折不扣的盖帽狂人，他的盖帽数据傲视联盟几十载，至今他的生涯盖帽数仍然无人能够超越。

奥拉朱旺的职业生涯，曾经3次当选盖帽王，包括一次蝉联盖帽王，他更是在11场比赛中拿到过盖帽三双，冠绝联盟。这11场比赛，奥拉朱旺的数据达到了恐怖的场均27.5分、16.2个篮板、10.8次封盖。

奥拉朱旺 生涯主要荣誉

2次总冠军

1次常规赛MVP

2次总决赛MVP

2次最佳防守球员

12次全明星

12次最佳阵容

9次最佳防守阵容

2次篮板王

3次盖帽王

1次奥运会冠军

1996年入选NBA50大巨星

2008年入选名人堂

2021年入选NBA75大巨星

矮个子"以小欺大"

　　在篮球场上，盖帽几乎是大个子球员的专利，NBA历史盖帽榜，哈基姆·奥拉朱旺以3830个盖帽高居第一，迪肯贝·穆托姆博和"天勾"贾巴尔分别以3289个和3189个盖帽位列第二和第三，榜单前几十名无一例外都是内线长人。

　　但大个子球员在篮下对抗和进攻，往往无暇顾及身后的状况，时不时也会遭遇小个球员的大帽。毕竟常在河边走，哪有不湿鞋。小个子封盖大个子，最有名的两大场面是马格西·博格斯大帽帕特里克·尤因和内特·罗宾逊赏给姚明的"大火锅"。

　　博格斯是NBA历史上身高最矮的球员，只有1.60米，但他却像一个斗士一样在长人如林的联盟里站稳了脚跟。1993年4月15日，博格斯送出了历史上最令人惊叹的盖帽之一。当时是黄蜂队迎战尼克斯队，在比赛第一节，尤因在内线单打，他用假动作晃过莫宁，准备近筐投篮，但没想到，博格斯从一旁杀出，仿佛长了翅膀，飞在空中，一巴掌将尤因投出的球扇飞。要知道，博格斯身高仅1.60米，而尤因身高达到2.13米，这毫无疑问是NBA历史上身高落差最大的盖帽之一。

　　内特·罗宾逊是NBA另一位矮个球员的代表，他身高只有1.75米，但身体素质和弹跳力出众，曾三次获得全明星扣篮大赛冠军。不仅如此，罗宾逊职业生涯共送出42次封盖，被他羞辱的对象包括姚明、勒布朗·詹姆斯、沙奎尔·奥尼尔和德怀特·霍华德。

当然，罗宾逊对姚明的封盖自然是最为人所熟知的。2006年11月21日，尼克斯队坐镇主场迎战火箭队，在第三节即将结束前，火箭队进攻，麦迪外线持球突破，吸引了全部防守，然后送出妙传，姚明接球后面前只有篮筐，这可是一个表演扣篮的好机会。姚明跃起就想双手灌篮，但内特·罗宾逊飞快补防，他竟然敢正面硬抗姚明，毫无惧色地全力跳起，用左手劈头盖脸地封下姚明的扣篮。姚明的真实身高为2.26米，而罗宾逊身高1.75米，这又是一个身高落差超过50厘米的盖帽。

球场润滑剂　约翰·斯托克顿

朴实的控球、准确的传球、扎实的防守，一招一式，将简单的事情做到极致，像一台精密的机器，不差分毫地在球场上运转。他是 NBA 历史上最好的半场攻防控卫、古典控卫的代表，他就是斯托克顿。

——引语

球场润滑剂

约翰·斯托克顿就像是为控卫位置量身打造的球员，他敏捷快速，持久耐用，坚韧不拔，视传球为第一要务。在斯托克顿19年的NBA生涯当中，他有16个赛季82场比赛全勤，一共送出了15806次助攻和3265次抢断，两项数据均是历史第一，也就是说斯托克顿包揽了NBA助攻王和抢断王的头衔。

单看数据，你可能还没有意识到斯托克顿的这两项纪录有多么恐怖。在NBA历史助攻榜上，斯托克顿以15806次遥遥领先；排在第二的是简森·基德，他生涯共送出12091次助攻；第四是斯蒂夫·纳什，他共送出10335次助攻。按照基德生涯平均每个赛季送出636.4次助攻计算，基德还要再打六个赛季才能超越斯托克顿，而纳什更是要多打10年才能够追上斯托克顿。

斯托克顿职业生涯共九次荣获NBA助攻王，这是历史第一的纪录，而且令人咋舌的是，他是从1987—1988赛季到1995—1996赛季连续九年获得助攻王的荣誉。在1989—1990赛季，斯托克顿场均送出14.5次助攻，这是NBA球员有史以来最高的单赛季场均助攻数。在1990—1991赛季，斯托克顿一共完成1164次助攻，这也是NBA纪录。斯托克顿职业生涯共有七个赛季至少送出1000次助攻，而联盟其他所有球员加起来一共只有两次。

连续5个赛季，斯托克顿场均至少能得到14分和13次助攻。斯托克顿生涯共34次单场至少送出20次助攻，是联盟近38年来的纪录；共9次至少得到20分和20次助攻，过去40年来排名第二，仅次于13次打出如此数据的"魔术师"约翰逊。斯托克顿生涯单场助攻纪录是28次，历史排名并列第三，位居单场30次助攻的斯科特·斯凯尔斯和29次助攻的凯文·波特之后。

在NBA历史抢断榜上，斯托克顿同样处于一骑绝尘的态势，他生涯完成3265次抢断，是联盟历史上唯一生涯抢断数突破3000次的球员。简森·基德以2684次排在第二，迈克尔·乔丹以2514次位居第三。克里斯·保罗是联盟现役抢断王，他才刚刚把自己与斯托克顿的抢断数差距缩小至1000次以内，按照保罗最近两年每个赛季100次左右的抢断数计算，他还要再打10年才能赶上斯托克顿。

斯托克顿职业生涯场均抢断数达到了2.2次，其中有10个赛季场均抢断数达到2次，有3个赛季场均抢断数为3次。在1988—1989赛季和1991—1992赛季，斯托克顿两次获得了联盟抢断王的荣誉。

斯托克顿19年生涯一共打了1504场比赛，排名历史第五，而且他把全部生涯都奉献给了爵士队，一度保持着为单支球队出场次数最多的NBA纪录，直到后来被德克·诺维茨基打破，"诺天王"为独行侠队效力21个赛季，共出战了1522场比赛。

约翰·斯托克顿 生涯主要荣誉

1次全明星MVP

10次全明星

9次助攻王

2次抢断王

11次最佳阵容

5次最佳防守阵容

2次奥运会冠军

2009年入选名人堂

2021年入选NBA75大巨星

强硬邮差　卡尔·马龙

> 卡尔·马龙，他是勤勉的邮差，与斯托克顿组成了最为稳定的双人组。他不断地挡拆、内切完成得分，生涯总得分 36928 分，目前高居历史第二。勤勉的另外一面则是强硬，他用自己无情的铁肘捍卫禁区，联盟中无数人吃尽了苦头，他和罗德曼的摔跤名场面缔造经典。勤勉、强悍、严苛的自律以及遗憾的无缘总冠军，这便是马龙的传奇生涯。
>
> ——引语

·默契的爵士双人组

"当你最好的球员也是最努力的球员时，你的球队就会成功。"这是约翰·斯托克顿给予马龙的极高的评价。两人称得上最默契的双人组，他们在盐湖城坚守近 20 年的时光，向着自己的总冠军目标一次次发起冲击，屡败屡战，未言放弃。

犹如不断推着巨石的西西弗斯，他们周而复始地向迈克尔·乔丹发起挑战，率领爵士队两次闯入总决赛，却都最终折戟。

爵士队的体能教练麦考恩如此评价："时机很糟糕——当你处于最佳状态时，那支公牛队也正值最佳，时运不济罢了。"

·强硬铁肘捍卫禁区

布鲁克林篮网队的一场常规赛赛前，球队主帅史蒂夫·纳什摘下口罩，笑着指着正中的门牙："瞧，这是颗假牙。"

效力于达拉斯独行侠队期间，纳什选择在马龙拿到篮板球之后包夹他，后者的手肘直接干碎了纳什的脸。纳什的牙齿向内折了 90 度，此后多年他都必须拜访牙医。这便是马龙生涯又一个代表性的瞬间。

他是联盟中最强壮、最擅长身体对抗的球员，他曾经和丹尼斯·罗德曼在总决赛中上演"摔跤表演"。他的队友霍纳塞克曾经说道："当你跟这辆大卡车发生身体接触时，你肯定会败北。"马龙

的生涯中曾经放倒过"微笑刺客"托马斯，曾经与大卫·罗宾逊、布莱恩·格兰特打过架，他曾经用铁肘招呼过无数球员，这就是他的风格——盐湖城的禁区由他捍卫。

·勤勉"邮差"坚守二十载

马龙之所以会得到"邮差"的绰号，正是他恐怖的出勤率，爵士队的 18 个赛季他保持了 10 个赛季的全勤，单赛季最多缺席 2 场，50% 的缺席都是因为禁赛。他从不知道超负荷是什么感觉，凭借着高度的自律，他练就了恐怖的身体力量和肌肉，这也保障了他基本不会受到伤病的困扰。

很难想象当马龙已经是 38、39 岁高龄时，他依旧基本能够保持全勤，且出场时间在场均 36 分钟以上。不仅如此，凭借着稳定的手感以及与斯托克顿的默契配合，他从爵士队生涯的第二个赛季起，便保持场均超过 20 分的得分，这个数据延续了 17 年，稳定性让人瞠目结舌。

马龙职业生涯上场 54852 分钟，拿到 36928 分，两项数据都仅次于贾巴尔。他曾经 11 次入选最佳阵容第一阵容，14 次入选全明星，这些都是他勤勉生涯的最好回报。回顾马龙的生涯，他用对自己近乎苛刻的要求，将自己的天赋发挥到了极致，那唯一缺少的总冠军，成为挥之不去的遗憾，但却并不影响"邮差"的伟大。如今他和斯托克顿的雕像坐落在盐湖城，激励着无数后辈继续努力，努力为爵士队带来一座总冠军奖杯。

卡尔·马龙 生涯主要荣誉

2次常规赛MVP
2次全明星MVP
14次全明星
14次最佳阵容
4次最佳防守阵容
2次奥运会冠军
1996年入选NBA50大巨星
2010年入选名人堂
2021年入选NBA75大巨星

冷血刺客　雷吉·米勒

> 雷吉·米勒，NBA历史上最伟大的射手之一。他冷静得像个杀手，冰冷的眼神寻找着每一个机会，只要他站在三分线外，就是最致命的威胁。他创造的"米勒时刻"成为载入NBA史册的永恒传奇。
>
> ——引语

谈到雷吉·米勒，就不得不先说起他创造的"米勒时刻"。在1994—1995赛季NBA季后赛，步行者队和尼克斯队会师东部半决赛，1995年5月8日，两队系列赛的首场比赛在尼克斯队主场、"篮球圣地"麦迪逊广场花园球馆打响。

尼克斯队前三节以77：80落后，但在第四节，尼克斯队在主场球迷的助威下越战越勇，战至终场前18.7秒，他们以105：99领先步行者队，赢球在望。因为当时的尼克斯队是全联盟防守最出色的球队之一，在帅位上运筹帷幄的是见惯了大风大浪的帕特·莱利，他绝对不会允许自己的球队让到嘴的鸭子飞了。

但步行者队阵中有一个擅长创造奇迹的男人，他就是NBA历史上最伟大的射手之一——雷吉·米勒，而接下来，他的个人表演拉开了序幕。终场前16.4秒，步行者队前场发界外球，米勒聪明地跑位，在左侧45度角获得了空当，马克·杰克逊将球扔进场内，米勒接球转身跳投三分出手，将球命中，比分来到102：105。

尼克斯队发底线球，步行者队就地前场紧逼，约翰·斯塔克斯被严防无法接球，格雷格·安东尼慌乱中滑倒。安东尼·梅森眼见发球时间将要耗完，情急之下出现重大失误，将球给到了米勒的手中。电光石火之间，米勒展现了令人惊叹的冷静和大心脏，他知道球队需要三分才能追平比分。于是，米勒没有选择中投或上篮，而是向外运球一步，转身到了三分线外，手起刀落，

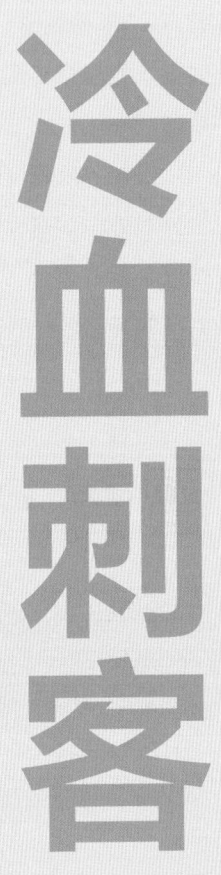

冷血刺客

又是一个三分球。

米勒在短短3.2秒内连得6分，帮助步行者队瞬间抹平了分差，但他的表演还没有结束。终场前7.5秒，斯塔克斯被犯规，在巨大的压力之下，他两罚全失，帕特里克·尤因抢下进攻篮板，但他的投篮差之毫厘。人群之中，米勒奋力跳起，抢下防守篮板，并造成对手犯规。米勒走上罚球线，顶住压力，稳稳两罚全中。

仅仅用了8.9秒的时间，米勒就彻底扭转了比赛的胜负天平，他一个人打出8：0攻击波，率领步行者队完成了一场史诗级的逆转。考虑到"米勒时刻"是在季后赛舞台创造的，而且发生在麦迪逊广场花园球馆里，它的传奇性甚至要强过"麦迪时刻"。当我们细数NBA季后赛历史上的经典画面，无论如何都不会漏掉"米勒时刻"。

"每当我回想起那场比赛，都会面露笑容，因为我们是小城市球队，在那样的绝境之下击败了一支大城市豪门球队。这让我尤其开心和难忘。"米勒说道，"大多数人认为它是季后赛最棒的时刻，或者至少在前五，我总是一次次被提醒我曾完成过'米勒时刻'，次数比我想象得还要多。"

雷吉·米勒没有强壮的身体，跳得不高，跑得不快，但只要他站在三分线外，对对手永远是最致命的威胁。在比赛最关键的时刻，他冷静得像个职业杀手，冰冷的眼神寻找每一个机会，一次次地甩开对手，然后狂飙突起，一剑锁喉。

雷吉·米勒 生涯主要荣誉

5次全明星

3次最佳阵容

2次奥运会冠军

2012年入选名人堂

2021年入选NBA75大巨星

后场防守大师　加里·佩顿

生涯总计贡献 2445 次抢断，排名联盟第五，NBA 历史上唯一当选最佳防守球员的控球后卫，总决赛死磕迈克尔·乔丹，让"篮球之神"罕见低效。加里·佩顿以防守安身立命的风格，以及强硬的球风，在 NBA 的核心控卫中非常罕见，这位绰号"手套"的防守行家，在防守端奉献了无数神奇表现。

——引语

后场防守大师

·死磕乔丹　他让"篮球之神"罕见低效

　　酷爱喷"垃圾话"的佩顿，新秀赛季就曾被乔丹教训，后者用"欢迎来到NBA"嘲讽这位小兄弟的表现。两人故事的真正高潮来自1995—1996赛季总决赛，西雅图超音速队与芝加哥公牛队在总决赛狭路相逢。

　　系列赛前三场，为了让佩顿能够在防守端节省体力，从而更好地在进攻端带动队友，超音速队并没有让佩顿主防乔丹，结果公牛队连下三城拿下赛点，距离胜利咫尺之遥。

　　此时的超音速队调整变阵，佩顿开始主防乔丹，接下来的三场比赛，乔丹罕见的低效。第四战19中6仅得23分，第五战22中11拿到26分，超音速队连续扳回两场。第六场比赛，乔丹更是只有19投5中的表现，最后三场比赛，"篮球之神"场均23.7分、5.3个篮板、3.3次助攻，却有3.7次失误、投篮命中率36.7%、三分命中率11.1%，陷入了全面的低效。

　　那年总决赛佩顿的小腿受伤，带伤完成了比赛。即便如此，他能在防守端给予乔丹如此压迫，让后者打出了生涯总决赛中的最差表现，佩顿防守铁闸的属性可谓彰显无遗。

· 绰号"手套" 后卫里的防守专家

佩顿的职业生涯，在防守端的表现可谓登峰造极，他连续9次入选联盟最佳防守球员一阵，其中在1995—1996赛季，他更是创造神迹。在联盟最佳防守球员的竞争中，佩顿击败了如日中天的迈克尔·乔丹，就此成为NBA历史上唯一以组织后卫身份拿到最佳防守球员的人。那个赛季他还加冕了抢断王，场均可以贡献恐怖的2.8次抢断。

作为一名防守起家的后卫，他出色的判断、强硬的风格以及卓越的防守技术，让联盟后场闻风丧胆。因为能像手套一样罩住对手手中的球，他得到了"手套"这个绰号。但事实上除了抢断和防守之外，他的组织能力同样不俗。

2001年佩顿拿到了生涯的第15000分，成为NBA历史上第8位得分15000+、助攻6000+、抢断1000+的球员。同时，佩顿还是NBA第二位完成20000分、8000次助攻成就的球员。在出色防守能力之外，他在组织层面的表现同样不可忽视。

加里·佩顿 生涯主要荣誉

1次总冠军

9次全明星

1次最佳防守球员

9次最佳阵容

9次最佳防守阵容

1次抢断王

2次奥运会冠军

2013年入选名人堂

2021年入选NBA75大巨星

禁区霸主　沙奎尔·奥尼尔

连续三年斩获总决赛 MVP，以 2.16 米的身高和 147 千克的体重制霸禁区，沙奎尔·奥尼尔的生涯，诠释着"统治力"三个字的含义。作为 NBA 历史上最强的中锋之一，他留下了无数让后人无法企及的神奇纪录，留下了一个又一个让人瞠目结舌的瞬间。

——引语

·媲美乔丹　无可争议的总决赛霸主

自总决赛MVP这个奖项设立以来，整个NBA仅有两人完成过连续三年获奖的神迹，其一是迈克尔·乔丹，其二就是沙奎尔·奥尼尔。"大鲨鱼"效力湖人队期间，曾在2000—2002三届总决赛中连续摘下MVP，成为总决赛中统治力最强的球员之一。

其中在1999—2000赛季，奥尼尔场均拿到29.7分、13.5个篮板、3次盖帽，最终当选了常规赛MVP。23场季后赛，他场均拿到30.7分、15.4个篮板、2.4个盖帽，总决赛面对对手几乎"无赖"的防守，他曾经单场拿到40分、24个篮板，场均38分、16.7个篮板，毫无悬念地摘下FMVP。

单赛季包揽常规赛MVP和总决赛MVP，奥尼尔成为乔丹之后的第二人，这个赛季也成为他的最佳赛季。

2000—2001赛季季后赛，他率领湖人队15胜1负横扫东西部诸强登顶，16场季后赛场均30.4分、15.4个篮板、3.2次助攻以及56.6%的命中率，让他再度毫无悬念地收获总决赛MVP。2001—2002赛季总决赛，他场均能够拿到恐怖的36.3分、12.3个篮板，实现了总决赛MVP的"三连庄"。这三年的总决赛，他是无可争议的霸主，统治力媲美迈克尔·乔丹，迄今为止还没有任何巨星能够达到如此的高度。

·"鲨鱼"来袭　最稳内线终结者肆虐篮下

作为一名集力量、技巧、终结能力于一体的内线球员，奥尼尔是那个时代所有球队的梦魇，将其定义为"最稳内线终结者"毫不为过。在其生涯中，他也用无数数据证明了这一点。

1993—1994赛季，奥尼尔的命中率达到了59.9%，这个数据排名联盟第一。1997—1998赛季到2001—2002赛季，他连续5个赛季命中率排名联盟第一，随后他又在2003—2004赛季到2005—2006赛季连续3个赛季命中率联盟第一，2008—2009赛季他在生涯后期仍然达到了60.9%的命中率，排名联盟第一。

生涯总计10个赛季，其中包括一波连续的5个赛季，命中率高居联盟第一，这样的表现足以彰显他的终结能力。不仅如此，他的生涯还有5个赛季效率值高居联盟第一。生涯连续13个赛季拿到场均得分超20分、场均篮板超10个的数据，生涯连续10个赛季拿到场均得分超26分、场均篮板超10个的数据。凭借三秒区内恐怖的终结能力，"大鲨鱼"可谓予取予求。

另外两项彰显攻防两端统治力的数据，奥尼尔同样留下了浓墨重彩的一笔。职业生涯奥尼尔一共完成了4250次扣篮，高居联盟历史第一，远超身后的霍华德。同时他贡献了2732次盖帽，这个数据排名历史第八。不仅如此，他曾经在单场比赛拿到24分、28个篮板、15个盖帽，单场比赛完成15个盖帽的三双，创造了NBA历史上盖帽数最高的三双。

·一生之敌　罚球线上他留下太多逸事

虽然在内线统治力十足，但奥尼尔在赛场上的"一生之敌"

还是给他带来了不小的困扰，那便是罚球。由于奥尼尔的罚球命中率过低，加上内线统治力过于无解，联盟中很多球队对他使用"砍鲨战术"，即通过故意犯规将其送上罚球线，减少他在内线的轻松得分，转而让他完成最不擅长的罚球。

奥尼尔也确实"经不住这样的考验"，他也留下了不少尴尬的罚球纪录。奥尼尔常规赛总计罚球11252次，命中率仅有52.7%。季后赛罚球2317次，命中率更是只有50.4%。换句话说，包括常规赛和总决赛，他在罚球线上就丢掉了超过6000分。

1999—2000赛季总决赛第二战，步行者队就使用了"砍鲨战术"，最终奥尼尔39次站上罚球线创纪录，命中了其中18次投篮，拿到了40分、24个篮板、4次助攻、3次盖帽，帮助球队取胜。而在1999—2000赛季西部决赛对阵开拓者队的比赛中，奥尼尔更是单节获得25次罚球，前无古人，后也难有来者。

这一切都是他过于稳定的内线终结能力，以及太过不稳定的罚球命中率所致。

沙奎尔·奥尼尔 生涯主要荣誉

4次总冠军

3次总决赛MVP

1次常规赛MVP

3次全明星MVP

15次全明星

1次最佳新秀

14次最佳阵容

3次最佳防守阵容

2次得分王

1次奥运会冠军

1996年入选NBA50大巨星

2016年入选名人堂

2021年入选NBA75大巨星

沙奎尔·奥尼尔：
两度扣倒篮架

　　扣篮是篮球场上最令人激动的表演，一个漂亮的扣篮能瞬间点燃观众的热情，让己方球队士气大涨。而在NBA赛场上，因为扣篮也发生过"意外"，篮筐、篮板玻璃或篮架被无情摧毁，从而导致比赛中断。

　　据记载，达里尔·道金斯是第一位扣碎篮板的球员，他身高2.11米，体重113千克，绰号"巧克力炸弹"。道金斯在1975年到1982年间效力于76人队，在那个NBA球员普遍较瘦的时代，道金斯显得尤其壮硕，他的打球风格也是以凶猛著称。

　　在1979年11月14日，76人队客场挑战国王队，道金斯接到队友传球，顺势突破跃起，一个势大力沉的暴扣直接把篮筐拉了下来，篮板上的整块玻璃完全裂开，碎了一地。过了一两周的时间，道金斯再次扣碎篮板，篮筐和玻璃碎片掉落在地。

　　道金斯扣篮对篮板的破坏力，迫使联盟使用了有弹性的防碎篮板。但到了20世纪90年代，沙奎尔·奥尼尔进入NBA，联盟的篮筐再次如临大敌。1993年2月8日，魔术队客场对阵太阳队，在首节比赛中，队友投篮不中，奥尼尔高高跃起，直接就是一个补扣。之后，令人惊讶的事情发生了，整个篮架仿佛被拆卸一般，缓缓倒了下去，现场比赛暂停，工作人员入场进行焊接，场面相当滑稽。同年4月24日，在魔术队与篮网队的比赛中，奥尼尔再度摧毁篮架，直接把篮板拉了下来，篮架连接处断裂，这简直就是大型虐筐现场。

随着材料科学的进步、钢化玻璃的应用以及联盟对篮架的加固，在现代NBA里，我们很难再看到能够毁坏篮筐的扣篮。在2008—2009赛季东部决赛魔术队与骑士队的比赛中，德怀特·霍华德在首节刚开始有一个暴扣，篮板上的计时器轰然倒下，但篮板和篮架都承受住了霍华德这次扣篮的冲击力。德安德烈·乔丹曾在快船队与勇士队的比赛中完成空接暴扣，最后的结果只是篮筐被扣歪，但并没有脱落。

如果现在的NBA联盟还能出现一个扣坏篮筐的球员，目前看来希望最大的就是鹈鹕队的锡安·威廉姆森。锡安身高2.01米，体重128千克，身体天赋惊人，冲击力极强。在2020年全明星新秀赛上，锡安一个扣篮直接把篮筐拉得左右晃动，出现了明显的倾斜。2021年2月6日，在鹈鹕队与步行者队的比赛中，锡安有一次冲击篮下，虽然扣篮未果，但他再次拽歪了篮筐，工作人员进场维修，比赛被迫暂停。

按照锡安这样的势头发展下去，说不定哪一天，哪个篮筐不走运，就会遭受被锡安摧残的厄运。

不朽曼巴 科比·布莱恩特

> 凌晨四点的洛杉矶，是属于科比的奋斗传奇，那些挥汗如雨的日日夜夜，推动着科比一步步踏上巅峰，铸就了科比非凡的赛场杀伤力，正如他的绰号"黑曼巴"，是篮球世界最有攻击性的杀手，以无坚不摧的火力，击破任何防守，没有"解药"，唯有"致命"。
>
> ——引语

· 分卫王者

在篮球赛场上的五个位置中，只有二号位是以"得分"作为前缀。顾名思义，想要在这个位置成为顶尖的球员，要具备炸裂的得分能力。

得分，最直观的体现就是数据，但在数据背后，是天赋的等级、努力的程度、技巧的水准和意志力的高低，其中任何一项要达到峰顶都是难事，而四项皆出类拔萃，只有极少数球员能够做到。

科比·布莱恩特，就是这样非凡的少数派。

他是NBA历史上总得分最多的后卫，是NBA历史上单场得分最高的后卫，是NBA历史上唯一做到得分60+场次达到5场或以上的后卫，也是NBA创立至今唯一连续4场打出50+的后卫球员。

如果说迈克尔·乔丹定义了得分后卫的终极王者形态，科比就是王座的传承者，是实至名归的乔丹接班人，是最接近"篮球之神"的划时代得分巨匠。

这一切要有天赋作为基础，但绝非只依赖于天赋。科比是篮球历史上勤学苦练的标杆，他曾在比赛中利用暂停的机会向乔丹请教低位背打的技术，曾拜师哈基姆·奥拉朱旺学习梦幻步伐。名帅泰克斯·温特担任湖人队助教期间，科比每天在球队常规训练结束后，会跟随温特进行技术加练，不断强化自己的基本功。

科比还是一位训练狂人，尤其是体能训练，湖人队训练师蒂姆·迪福兰塞斯克透露科比痴迷于体能训练，总是渴望让身体变得更有能量，这是科比成为伟大球星的主要原因。

凌晨四点的洛杉矶，是属于科比的奋斗传奇，那些挥汗如雨的日日夜夜，推动着科比一步步踏上巅峰，铸就了科比非凡的赛场杀伤力，正如他的绰号"黑曼巴"，是篮球世界最有攻击性的杀手，以无坚不摧的火力，击破任何防守，没有"解药"，唯有"致命"。

科比是一位冷酷的赛场猎手，对方的防线就是他的猎物；科比也是一位冷血的赛场刺客，无可挑剔的进攻技巧，结合无所畏惧的意志品质，令他成为篮球历史上最伟大的关键先生之一。每当比赛进入需要一球定胜负的生死时刻，科比总是众望所归的执行者，球进哨响一剑封喉，他给篮球赋予了震撼人心的魅力。在篮球历史上，优秀的得分手有很多，但科比独一无二。

· 得分机器

篮球场上的科比，如同一部精密运转的得分机器，产品就是辉煌的得分数字。在NBA历史上，只有4名球员总得分达到33000分，科比是其中之一，他以33643分位列总得分榜第四名，是后卫球员中总得分第一人，比伟大的乔丹还要高出1351分。

科比在2005—2006赛季与2006—2007赛季分别以场均35.4分与31.6分蝉联得分王。在赛季总得分方面，科比2002—2003赛季以2461分首次称王，2005—2006赛季至2007—2008赛季，分别以2832分、2430分与2323分实现总得分榜三连霸。

2006年1月22日，科比在湖人队122：104击败猛龙队的比赛中出战42分钟，46投28中，三分球13投7中，罚球20罚18中，砍下81分。这是NBA后卫球员单场得分纪录，是联盟历史单场第二高分，仅次于威尔特·张伯伦在1962年创下的单场100分。在81分之战的下半场，科比28投18中，三分球11投6中，罚球14罚13中，劈落55分，这是NBA历史半场第二高分，只有张伯伦在那场百分神迹中的半场得分（59分）高于科比。

科比职业生涯6次单场得分60+，是NBA历史上60+场次第二多的球员，仅排在张伯伦之后。科比的60+得分数据贯穿10年，从巅峰岁月的2005—2006赛季对独行侠队首次获得60+分开始，到2015—2016赛季退役战60分完美落幕，科比在得分领域的璀璨承受了岁月的洗礼越发闪亮。

科比首次单场得分60+有着非同一般的意义，2005年12月20日与独行侠队交锋，科比只打了前三节就拿下62分，而独行侠队全队前三节得到61分，这是NBA历史上自采取24秒进攻时限以来，仅有的一次球员前三节个人得分高于对手全队的情况。这场球由于湖人队前三节结束已经领先34分，科比并没有在第四节上场，虽然篮球是一项团队运动，但那一天的科比做到了单枪匹马解决战斗。

在20年的NBA征途中，科比总计25场比赛得分拿到50+，该项数据历史第三，仅次于张伯伦与乔丹。科比122场比赛打出得分40+，在NBA历史上同样仅落后于张伯伦与乔丹，排在第三位。在2006—2007赛季，科比总计10场比赛得分50+，NBA历史上只有科比和张伯伦做到单赛季至少10场50+得分。

不仅仅在常规赛，科比在季后赛也是顶级的高产得分手。在2002—2003赛季、2006—2007赛季与2007—2008赛季，科比分别以场均32.1分、32.8分与30.1分成为季后赛得分王。科比在2003—2004赛季季后赛得到539分，首次加冕单赛季季后赛总得分王；他在2007—2008赛季至2009—2010赛季，分别以633分、695分与671分三连季后赛总得分王，成为NBA历史上唯一做到连续三个赛季季后赛总得分600+的球员。

·体力狂人

湖人队队友布莱恩·库克回忆起科比81分之战时坦言，最令他感到惊讶的并不是科比的得分，而是他在拿到81分之后看上去并不是很累，体能之强令队友们感到不可思议。

科比曾在《曼巴精神》中写道："想要成为伟大的篮球运动员，就必须保持最佳的身体状态，确保双腿和肺部处于巅峰状态。我会做很多的计时跑训练，逐渐缩短每组训练之间的休息时间。苦练一整个休赛期之后，我需要的恢复时间近乎为零。"

充沛的体能为科比注入了强劲的进攻能量，强大到可以随心所欲控制得分王的归属。2006—2007赛季上半段，科比在组织进攻上投入了更多的精力，场均得分落后于吉尔伯特·阿里纳斯与卡梅隆·安东尼。科比在赛季下半段为了提升湖人队战绩加强了个人进攻，从2007年3月16日对开拓者队独取65分开始，科比连续4场比赛得分50+，带队拿到四连胜，不但夺回得分王，还成为NBA历史上除张伯伦之外，唯一连续4场打出50+的球员。

在科比这波连续4场50+中，还有背靠背50+。2007年3月22日，科比在客场对灰熊队的比赛中杀下60分，湖人队下一场是3月23日客场对黄蜂队，科比拿到50分。客场奔波两天两战，连取50+，两场球总计轰下110分，并且两战上场时间都超过45分钟。科比在连续4场50+期间，场均出战时间达到47分钟。

连砍高分对于科比是常规操作，2003年2月6日至23日，科比连续9场比赛拿到40+的得分，在NBA历史上只有科比、张伯伦与乔丹做到连续9场得分40+。2003年1月29日至2月23日，科比连续13场比赛收获得分35+，NBA历史上只有科比与张伯伦做到连续13场比赛35+。在连续13场35+的比赛中，有11场得分40+，13场球11场上场时间40分钟或以上。

科比的体力之强，直到NBA生涯最后一战都在展示，他上场42分钟取得60分，其中下半场仅仅休息了4秒钟，半场球就拿到38分，职业生涯持之以恒的体能训练，确保了科比在得分方面的强悍输出。

·绝杀大师

能够站在得分领域山巅的球星，不仅仅能够打出高得分，还可以在比赛需要一击制胜的时候，挺身而出扛起球队摘下胜利，科比就是为这样的时刻而生的冷酷赛场杀手。

将比赛最后时刻罚球取胜计算在内，科比NBA生涯总计36次完成绝杀。在率领湖人队完成两连冠的2009—2010赛季，科比总计6次投中绝杀，创造NBA历史单赛季绝杀次数纪录。

这6次绝杀风格各异：2009年12月4日对热火队，科比压哨打板三分绝杀；2009年12月16日对雄鹿队，科比再次读秒时刻压哨跳投击杀对手；2010年1月1日对国王队，科比再次最后时刻三分球进终场哨响拿下胜利；2010年1月31日对阵凯尔特人队，科比终场前7.3秒中投打进绝杀"绿衫军"；2010年2月23日对灰熊队，科比在终场前4.3秒三分正中靶心，再次绝杀对手；2010年3月9日对猛龙队，科比在比赛结束前1.9秒中投出击，完成这个赛季第六次绝杀。

在绝杀球中，难度最大的是压哨绝杀，是对心理素质和技术水平的极致考验。科比NBA生涯8次投进压哨绝杀，该项数据仅次于乔丹，位列历史第二。在2009—2010赛季，科比3次压哨绝杀，其中熄灭热火队的那一球是NBA历史经典。

科比压哨绝杀的每一球都是杰作，2002年2月22日对黄蜂队的一战，最后时刻两队打平，科比突破急停中投球进比赛结束，这是科比NBA生涯首次压哨绝杀。2003年4月4日，湖人队对阵灰熊队的比赛中，科比在湖人队最后关头落后一分的情况下，弧顶内一步位置干拔中投，压哨杀死比赛。2003年12月19日对掘金队，科比掐表中投再度刺出压哨一剑。

2004年4月14日对开拓者队一战，科比送出双绝杀，他先是在第四节还剩1.1秒时三分命中将比赛带入加时，第二个加时赛命中压哨三分，带领湖人队取胜。2006年4月30日，季后赛首轮第四场，科比对阵太阳队再次双绝杀，第四节结束前0.7秒突破上篮打进追平比分迎来加时赛，加时赛中投压哨绝杀击落太阳队。

·曼巴永不息

在20年的职业生涯旅程中，科比用强劲的得分能力，一次次书写赛场上的惊叹号，直到生涯谢幕之战，科比依旧如此。他的璀璨从不褪色，哪怕这是一场告别，依旧荡气回肠、光芒四射。

2016年4月13日，湖人队在主场迎战爵士队，科比NBA生涯第1346场比赛，他的球员生涯终点之战。科比在这场比赛前专门进行了加练，虽然此时的他已经37岁，20年征战留下的伤痛与疲倦吞噬了曾经飞天遁地的运动才华，但科比仍然是那位得分"魔法师"，能够用各种各样的方式击破对方的防守。

退役战中的科比，抛开了岁月带给他的所有阻挠，仿佛重回巅峰，上半场就夺走22分，第三节再添15分，但湖人队战况不妙，他们在第四节开始后一度落后14分。这样的逆境激发了科比心中的战斗之火，他回到了单场81分、三节62分的杀神模式，千里走单骑摧枯拉朽。在整个第四节，科比16投8中，三分球5中3，罚球4中4，劈下23分，比爵士队的得分还要多2分。

第四节最后6分17秒，科比连取17分，以一己之力带队逆转比赛。科比的体能已近枯竭，但凭借着技术和经验优势，依靠着强大的意志，他突破了身体的极限，在生涯最后一战中完成了史诗般的孤胆英雄大翻盘。当比分定格在101：96，科比的数据是出战42分钟，50投22中，三分球21中6，狂砍60分，NBA生涯第六次得分60+，改写了NBA历史球员退役战得分纪录，以37岁234天成为单场得分60+年龄最大的球员。

2005—2006赛季至2015—2016赛季，十年之间，NBA总计出现9场得分60+，其中6场是科比创造的。就在科比以60分为生涯写下完美句号的同一天，勇士队创造了单赛季73胜的历史纪录，但当天的主角只有科比，篮球场上最伟大的攻击手，留下了不朽的作品，随着岁月流淌，熠熠生辉。

"不可能写出比这更好的剧本了。"科比说。

科比·布莱恩特 生涯主要荣誉

5次总冠军

2次总决赛MVP

1次常规赛MVP

4次全明星MVP

18次全明星

15次最佳阵容

12次最佳防守阵容

2次得分王

2次奥运会冠军

2020年入选名人堂

2021年入选NBA75大巨星

坚忍“石佛” 蒂姆·邓肯

乔丹的后仰、科比的翻身跳投、奥拉朱旺的梦幻脚步、库里的招牌三分，似乎每个超级巨星都有让人心潮澎湃、热血偾张的招牌动作。但蒂姆·邓肯似乎就没有——他的一招一式朴实无华。他用自己柔和的手感、扎实的低位技术、出色的防守意识，构筑起了自己让人惊叹的职业生涯。低调内敛却荣誉等身，不争不抢却是无可置疑的历史第一大前锋。

——引语

第一大前锋

1997—1998赛季邓肯被马刺队选中，自此开始了一段传奇的经历。直至2014—2015赛季，即马刺队生涯的倒数第二个赛季，邓肯一直保持着场均两位数的得分，这18个NBA赛季的含金量，有无数数据可以证明。

邓肯5次拿到总冠军，3次当选总决赛MVP。2次当选常规赛MVP，10次入选最佳阵容第一阵容，2次入选最佳阵容第二阵容。8次入选最佳防守阵容第一阵容，6次入选最佳防守阵容第二阵容，15次入选全明星。

数据之外，他上演过数次爆炸的个人表演，拯救球队于危难之际。更为重要的是，他凭借出色的防守能力以及防守意识，构筑起了马刺队的整个防守体系。即便已经是在职业生涯的末期，他在总决赛的个人发挥也能完胜克里斯·波什，依旧能够在攻防两端提供巨大的帮助。

纵观整个NBA历史，邓肯在生涯的长度、巅峰的高度、个人荣誉以及球队荣誉各个层面，都是大前锋中的翘楚。尽管场上球风以及场下作风都无比低调，但他可以说是无可置疑的历史第一大前锋。

·永恒的"GDP"

1998—1999 赛季，即邓肯加盟马刺队的第二个赛季，他们便拿下了总冠军。2002 年，托尼·帕克和马努·吉诺比利，正式与邓肯合体，"GDP 组合"开启了传奇的生涯。

"GDP 组合"的首个赛季即 2002—2003 赛季，他们便拿下了 NBA 总冠军，随后他们合力帮助马刺队 4 次拿下总冠军。

2014 年 5 月，他们在季后赛中击败了俄克拉荷马城雷霆队，联手拿下季后赛第 111 场胜利，成为 NBA 历史上季后赛胜场最多的三人组。

2015 年 11 月他们击败了波士顿凯尔特人队，"GDP 组合"联手拿下第 541 场胜利，成为 NBA 历史上胜场最多的三人组。

比这些神迹般的数据更让人铭记的，则是三人互相牺牲、共同缔造了那支让人怀念的圣安东尼奥马刺队，经久不衰，成为镌刻在 NBA 漫长历史中，一段永远值得铭记的佳话。

·经久不衰的马刺队

连续 18 个赛季 50 胜、连续 22 个赛季闯入季后赛，这是蒂姆·邓肯和他的马刺队创造的让人瞠目结舌的纪录。当邓肯效力于球队时，他们只有在 1999 年的停摆赛季未能达到 50 胜，当时因为停摆整个赛季只有 50 场比赛。

波波维奇、"GDP 组合"、经久不衰的马刺队，从初入联盟时与科比、奥尼尔争锋，到暮年对阵詹姆斯、杜兰特、库里，他们划时代地保持着恐怖的竞争力和稳定性。

"马刺队赢球是因为蒂姆·邓肯，一个我永远无法挑动的人。"奥尼尔曾在他的自传中写道，"我可以对着帕特里克·尤因说垃圾话，与大卫·罗宾逊脸对脸，让阿朗佐·莫宁振作起来，但当我遇上邓肯时，他会看着我，好像他很无聊一样。每当我遇到一个认为蒂姆·邓肯是史上最佳的球迷时，我并不会去反驳他。"

正如奥尼尔所言，在马刺队收获了1000场胜利的邓肯，无疑是这支球队成功的根基。他用自己全面的表现、稳定的进攻、出色的防守以及云淡风轻的心态，筑造出了别样的王朝。

蒂姆·邓肯 生涯主要荣誉

5次总冠军

2次常规赛MVP

3次总决赛MVP

1次全明星MVP

15次全明星

15次最佳阵容

15次最佳防守阵容

1次最佳新秀

2020年入选名人堂

2021年入选NBA75大巨星

狼王　凯文·加内特

他是孤独的"狼王"，试图以一己之力改变森林狼队的命运却未能如愿。他是坚忍的战士，球场之上他攻防全能、激情无限，留下了鲜明的比赛风格。他是不屈的斗士，命运对他并不算青睐，但他却顽强地叩开了总冠军的大门，在波士顿圆梦。凯文·加内特的职业生涯历经波折，但只要站在场上，他永远是那个让人热血澎湃的"狼王"。

——引语

· 孤独的"狼王"

1995年当凯文·加内特进入联盟时，他便肩负起了整个明尼苏达的希望。作为 NBA 新军，他们是联盟中成绩最差、存在感最低的球队，但加内特改变了这一切。

19岁256天，他在征战联盟不到40场的情况下，便成为球队的先发球员。20岁时他的场均上场时间，已经来到了惊人的38.9分钟。

签下大合同后，他连续9个赛季保持场均20+10的数据。他在联盟中留下了鲜明的比赛风格——覆盖全场的防守、不知疲倦的奔跑、招牌的直臂跳投以及全能的攻防表现，但这一切并不能让森林狼队有所突破，从1997年起，他们连续7年止步季后赛首轮。

2003—2004赛季，他场均拿到24.9分、13.9个篮板、5.0次助攻以及2.2个封盖，他率领球队打出58胜的历史最佳战绩，结束了蒂姆·邓肯两连MVP的统治。但他们再度折戟季后赛，卡塞尔的受伤让他们在西部半决赛饮恨，加内特也度过了他在森林狼队最后的高光。

森林狼队的岁月虽未能完美，但加内特却留下了震古烁今的表现——他的总得分、总篮板数、总助攻数、总抢断数、总盖帽数五项基础数据全部位列队史第一，在历史并不算长的森林狼队中，他留下了浓墨重彩的一笔，让后人仰望并在短时间内都无法实现超越。

· 三巨头终圆冠军梦

孤独的"狼王"坚守十几载，未能给森林狼队带来冠军，最终他选择了离开。来到波士顿后，他很快就拥抱了凯尔特人队厚重的球队历史，32岁的年纪他依然脾气火暴，他依然充满着竞争意识，当身边拥有雷·阿伦和保罗·皮尔斯这样的队友时，进攻端他只需要完成招牌的跳投已然足够，凭借出色的臂展和出众的防守意识，他构筑了凯尔特人队的防守体系。

常规赛他们打出了66胜16负的队史最佳战绩，季后赛他们连续战胜了詹姆斯领军的克利夫兰骑士队以及科比领军的洛杉矶湖人队，三个老男孩终于圆梦。

6场总决赛，加内特场均得到18.3分、13个篮板、3次助攻，整个总决赛湖人队的场均得分不到94分。坚韧的防守让凯尔特人队拿到了总冠军，加内特一直以来的激情、韧性终于得到了最好的彰显和回报。

但时光老人强大而无情，"狼王"也无法抵御岁月的侵袭，2009年2月他因为膝伤退场，复出不久便宣告赛季报销，这是加内特生涯第一次出战不到70场比赛，"狼王"已经老去，好在冠军梦在暮年终告实现。

· 落叶归根却难圆满

布鲁克林篮网队的求贤若渴，让时任凯尔特人队总裁丹尼·安吉没有拒绝的理由，他们付出了5名球员和4个首轮签，打包带走了加内特和皮尔斯。37岁的加内特未能帮助篮网实现冠军梦，而他也终于决定返回森林狼队了。

但与老板格伦·泰勒的交恶未能让他的回归之旅圆满，2014—2015赛季他仅仅代表森林狼队打了5场比赛，就因伤告别了那个赛季。恩师桑德斯的去世，更是让加内特无比伤心。他也在2015—2016赛季之后选择退役，职业生涯的最后一个赛季，他留下了场均3.2分、3.9个篮板的数据。

退役后的加内特，几次试图组建财团收购森林狼队，但都以失败告终，他与老板泰勒也几乎是老死不相往来。加内特与森林狼队故事的结局并不完美，但在那段让人热血澎湃的岁月里，捶胸庆祝的"狼王"，给明尼苏达的球迷带来了无尽的激情和欢乐。

凯文·加内特 生涯主要荣誉

1次总冠军

1次常规赛MVP

1次全明星MVP

15次全明星

9次最佳阵容

12次最佳防守阵容

1次最佳防守球员

4次篮板王

1次奥运会冠军

2020年入选名人堂

2021年入选NBA75大巨星

德国战车 德克·诺维茨基

德克·诺维茨基，达拉斯图腾式的人物，他给这座城市、这支球队，留下了不可磨灭的记忆。当年清瘦的德国小伙改变了达拉斯的命运，让独行侠队从弱旅摇身变成豪强。

冲击总冠军的路上他历经挫折却没有倒下，用单核带队的封神表演，狠狠地打击了不垂青他的命运。生涯末期，他把扛在身上二十余载的旗帜，交给了同样来自欧洲的小伙子——东契奇。

——引语

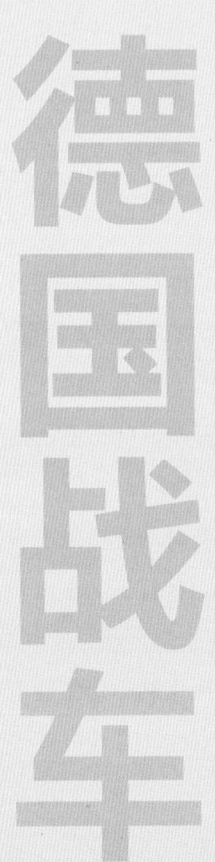

·改变达拉斯命运的德国战车

在达拉斯独行侠队选中诺维茨基之前的 18 个赛季，他们只打过 6 次季后赛，仅有一次突破首轮。选中诺维茨基后的 21 年，他们只有 6 次没有打入季后赛。

自 1980 年加盟 NBA 以来，独行侠队仅仅赢得了 14 次季后赛系列赛，其中 13 次是诺维茨基带领他们赢下的。选中诺维茨基之前，独行侠的胜率为 41.15%，拥有诺维茨基之后，他们的胜率达到 60.2%。

当他们没有诺维茨基时，这是一支存在感不强的西部弱旅，当他们拥有诺维茨基之后，却一跃成为西部豪强，成为整个 21 世纪前 10 年最成功的球队之一。

诺维茨基 14 次入选全明星，12 次入选最佳阵容，这两项数据都是 NBA 历史前十级别的存在。更难能可贵的是，14 次全明星之旅，他只有 6 次是跟队友一起入选，他是历史上从未和最佳阵容一阵或二阵球员并肩作战的 MVP 和 FMVP 得主。

当我们谈论单核夺冠时，诺维茨基是一个绕不开的名字，他用一战封神的季后赛之旅，改变了自己生涯的风评，也改变了达拉斯的命运。

· 单核带队夺冠

2010—2011 赛季季后赛之旅，对于诺维茨基而言是不朽的神迹——他率领独行侠队，首轮击败了阿尔德里奇领军的波特兰开拓者队，随后又连续淘汰湖人队和雷霆队，最终在总决赛面对詹姆斯、韦德、波什领军的迈阿密热火队，以摧枯拉朽之势率队取胜。

总决赛六场比赛，诺维茨基在第四节总共得到了 62 分、19 个篮板，场均 10.33 分，命中率高达 54.1%。在那个系列赛中，独行侠队末节平均得分只有 23.7 分，他几乎占据了全队的半壁江山，六场比赛中他只有两场比赛的末节没有得分上双。而在此前的西部决赛中，他场均得到 32.3 分，两次单场得分超过 40 分，曾经送上单场 48 分的疯狂表演。整个季后赛，他几乎是以一己之力帮助独行侠队高歌猛进，也最终梦圆总冠军。

他曾经被质疑是"软蛋"，他曾经无数次接近总冠军但无功而返。但这次季后赛他用一战封神式的表现，彻底摧毁了所有的质疑。他在求而不得、沼泽泥泞中从未轻言放弃，不断前行的"德国战车"，到达了他梦寐以求的山巅。

· 两代巨星演绎传承

若是诺维茨基的故事，在他退役处戛然而止，对于独行侠队而言，将是一段绵延 21 年的不朽记忆，将是一个欧洲天才奉献全部生涯的不朽篇章，将是一个从天才到"软蛋"再到胜利者的波澜壮阔的传奇故事。

但天意似乎想让 21 年这个数字延续下去——在诺维茨基生涯的暮年，他们又送给达拉斯一位欧洲天才，又一段传奇正在酝酿。卢卡·东契奇，来到了达拉斯。

诺维茨基将手中高举了二十余载的火炬递给了小兄弟，他对于东契奇的称赞溢于言表，他认为在同样的年龄，东契奇已经超越了自己。但这份传承能否为独行侠队再度带来总冠军？

对东契奇而言，他不可能一直赢下去，他需要像诺维茨基一样，在失利中仍然能进发能量不断前行；他也不可能一蹴而就捧回金杯，他需要像诺维茨基一样，忘却失败的曾经再度奋勇向前。

NBA 联盟从来不缺乏天赋异禀的天才，也同样不缺乏伤仲永的故事。正因如此，诺维茨基这样不懈努力兑现天赋，直至最终收获成功的故事，才更为可贵。

德克·诺维茨基 生涯主要荣誉

1次总冠军

1次常规赛MVP

1次总决赛MVP

14次全明星

12次最佳阵容

2021年入选NBA75大巨星

闪电侠　德怀恩·韦德

作为 2003 一代的代表人物，德怀恩·韦德是幸运的，他在三年级时就以 FMVP 的身份拿到总冠军。打法暴力，以迷踪步扬名天下的天才后卫，可韦德又充满遗憾，破损的双膝未能支撑他走向更高的巅峰。他的生涯荡气回肠，一如他的突破那样，起步、加速、一飞冲天，他是永远的闪电侠。

——引语

·三年级的 FMVP

2003 一代云集了太多的天才球员，勒布朗·詹姆斯和卡梅隆·安东尼一时瑜亮，但韦德却是最早成功的那一位。

新秀赛季，他便帮助热火队闯入了季后赛。第二个赛季，他更是迎来了东游的"鲨鱼"——沙奎尔·奥尼尔。两人联手的首个赛季，便杀入了东部决赛。随后的三年级，他上演了荡气回肠的表演，足以载入 NBA 历史。

季后赛先后击败公牛队、篮网队和活塞队，韦德和他的热火队迎来了总决赛的挑战。面对 0∶2 落后的绝境，韦德开启了恐怖的个人演出。

总决赛第三战他轰下了 42 分、13 个篮板，帮助球队两分险胜。随后他再度拿下 36 分的高分，局势顷刻间发生逆转，热火队追平了大比分。

天王山之战他轰下了 43 分，热火队距离队史首冠仅有一步之遥。第 6 场比赛，韦德轰下全场最高的 36 分，帮助球队 3 分险胜，最终夺冠。最后 4 场总决赛他场均轰下 39.25 分，毫无悬念地加冕 FMVP，三年级的韦德一步登天！

·致敬膝盖的香槟

没有人能一直幸运下去，快如闪电的韦德亦未能逃过伤病的枷锁。夺冠之后他饱受膝伤困扰，大学时期就因为半月板伤势伤痕累累的膝盖，此时不堪重负，让他的生涯坠入冰点。球队连续多次折戟季后赛，冠军变成了遥不可及的梦想。

对于三年级就享受过登顶喜悦的韦德而言，个中酸楚只有他自己了解。2010 年休赛期，韦德终于再度接近梦想，勒布朗·詹姆斯和克里斯·波什的到来，让热火队重新回到了顶级的序列，他们在随后的 4 年里两夺总冠军，韦德用香槟致敬膝盖的画面，更是成为 NBA 的永恒经典。

尽管因为伤病以及强援的到来，韦德不再频繁上演暴力的表演，但他的突破、他出色的低位小技巧还是让人印象深刻。

·颠沛流离与落叶归根

2013—2014 赛季总决赛输球之后，勒布朗·詹姆斯离开了热火，克里斯·波什的伤病，更是让韦德不得不独挑大梁。2015—2016 赛季季后赛，虽然热火队止步东部半决赛，但韦德场均得到 21.4 分、5.6 个篮板、0.9 次封盖。芝加哥长大的孩子，超越了偶像迈克尔·乔丹，成为联盟历史上季后赛封盖数最多的后卫。

作为队史首冠的最大功臣、迈阿密的队魂，韦德在续约合同层面并没有得到应有的尊重。在与帕特·莱利谈崩之后，他选择离开球队，自此开启了颠沛流离的旅程。公牛队和骑士队的生涯都不算顺利——2018 年休赛期，他宣布将迎来自己的最后一舞，回到热火队的赛季大有焕发第二春的势头。

他用一件又一件的球衣，与联盟的后辈们告别。当赛季他送上过绝杀勇士队的神奇之作，也用一场三双告别了自己 16 年的职业生涯。

韦德在三年级时到达了自己生涯的巅峰，却因为伤病无缘更进一步，3 次总冠军、8 次最佳阵容、1 次总决赛 MVP、13 次全明星。如果没有伤病，他或许能赢得更多的荣誉。"闪电侠"的巅峰和辉煌，太过短暂让人唏嘘。但所有球迷都一定会铭记那些夜晚，"闪电侠"劲如疾风直捣黄龙，潇洒自若荡气回肠，这便是他生涯最真实的写照。

德怀恩·韦德 生涯主要荣誉

3次总冠军

1次总决赛MVP

1次全明星MVP

13次全明星

8次最佳阵容

3次最佳防守阵容

1次得分王

1次奥运会冠军

2021年入选NBA75大巨星

半人半神　文斯·卡特

天赋璀璨的 NBA 赛场，从不缺乏顶级扣将，但卡特却几乎成为扣篮的代名词。"半人半神""UFO"等绰号，足以彰显他在扣篮这个领域独一无二的地位。作为昔日四大分卫的一员，卡特的生涯蕴含的内容却远非"扣篮"二字可以涵盖。这位飞跃四个时代的扣将，用时间的积淀以及一次次顺应时代的转型，诠释着他对于篮球这项运动真挚的热爱。——引语

· 奥运赛场的"死亡飞扣"

弹跳惊人、滞空时间长、扣篮力度极大、动作干净利落，这些特点让卡特的扣篮成为 NBA 独一档的存在。扣篮王的荣誉以及时常在比赛中上演的实战扣篮，让他成为无数人心中的扣将代表。纵观其生涯，最值得载入史册的扣篮，无疑是在奥运赛场上的"死亡飞扣"。

2000 年悉尼奥运会，卡特场均贡献全队最高的 14.8 分，帮助美国队拿下金牌。在对阵法国队的比赛中，卡特上演了惊世一扣。在一次进攻转换中，卡特无视篮下防守的 2.18 米的法国中锋弗雷德里克·维斯，直接飞跃对手送出一记势大力沉的暴扣。这记被定义为"死亡飞扣"的扣篮，几乎可以称为历史上最为精彩的实战暴扣。

· 四大分卫

科比·布莱恩特、特雷西·麦克格雷迪、阿伦·艾

弗森、文斯·卡特，这四位在 20 世纪 90 年代末进入联盟的得分后卫，被媒体和球迷称作"四大分卫"，他们也象征着一段难以忘怀的青春记忆。

相较于其他三位，卡特在生涯的巅峰层面，确实是有所欠缺，但他凭借着超强的扣篮能力、飘逸潇洒的球风，同样成为无数球迷热捧的偶像。2000 年的扣篮大赛上，他祭出无数经典的动作，不仅拯救了 NBA 全明星扣篮大赛，更是成为往后许多球员试图模仿和超越的对象。

飞跃四个时代的传奇

效力 NBA 联盟 22 个赛季，历史最久，横跨了 20 世纪 90 年代以及 21 世纪的前三个十年，总计四个时代，卡特留下了绵延许久的职业生涯。

卡特的 NBA 生涯并非一帆风顺，他曾经是名噪一时的超级巨星，也曾经沦落到替补球员进而被买断，职业生涯的后期他不得不接受配角的定位。难能可贵的是，不论角色如何变化，卡特对于篮球的热爱却是始终如一。

从最初的超级扣将，转型为稳定的外线投手。巨大变化的背后，是极度自律、极度努力、不断顺应时代变化的卡特。正因如此，他能成为四大分卫中最后一个谢幕的球员，也正因如此，他能横跨四个时代，上演不老传奇。

"我在这个联盟效力了这么久，我不是为了破纪录或者为了钱，我真的非常非常爱打球，我非常享受比赛。"这段朴实无华的"告白"是卡特写给篮球最浪漫的情诗，无论他是石破天惊的暴力扣将，还是弹无虚发的老将射手，对于篮球始终如一地热爱，支撑着他写就了传奇的生涯。

文斯·卡特 生涯主要荣誉

8次全明星
2次最佳阵容
1次最佳新秀
1次奥运会冠军

挑战罚球线扣篮

罚球线起跳，挑战极限滑翔距离完成暴扣，一直以来都是NBA诸多扣将梦寐以求的动作，也是最能让广大球迷大呼过瘾的神作。放眼历史，这个扣篮动作的鼻祖便是绰号"J博士"的朱利叶斯·欧文，他曾在1976年的首届扣篮大赛中完成壮举。后来者中，包括乔丹、卡特、拉文等，都曾经奉献神作，留下浓墨重彩的记忆。

1976年扣篮大赛，朱利叶斯·欧文罚球线起跳送上滑翔扣篮，毫无悬念地摘下冠军，自此这个动作让众多扣将趋之若鹜。实际上，早在ABA时期，他就完成过这个动作。

如果说朱利叶斯·欧文是这个动作的首创者，那么迈克尔·乔丹无疑是将这个动作发扬光大的人。他曾在扣篮大赛中完成罚球线暴扣，不仅如此，他的动作流畅飘逸、腾空高度十足、空中姿态宛若蛟龙，给人一种绝对的美感，也成为难以复刻的经典。

在往后的岁月里，挑战罚球线的扣将不在少数，让人印象最为深刻的则是文斯·卡特。彼时的他在扣篮大赛一度陷入沉寂、整体质量大幅度下滑的情况下，横空出世复刻经典。相较于前辈们，卡特的扣篮力道更足、爆发力更强，腾空的气势、扣篮的力量都让球迷大呼过瘾。这位传奇扣将，也在2000年加冕扣篮王。

新生代的球员中，詹姆斯·怀特、塞尔吉·伊巴卡、扎克·拉文都曾经完成过罚球线扣篮。这条让所有扣将都魂牵梦绕的白线之上，诞生了无数让人津津乐道的经典之作。

格里芬、卡特
上演死亡之扣

　　篮球是一项充满力量的运动，尤其是在NBA，这里到处都是肌肉线条鲜明的壮汉，他们让暴力以美学的方式呈现出来。比如文斯·卡特和布雷克·格里芬，他们就是联盟当中暴力美学的代表，是篮筐上的艺术家。

　　卡特被认为是NBA有史以来最杰出的扣将，他在2000年全明星扣篮大赛上的表演，至今仍让人回味无穷。不过，卡特最让世界为之一惊的扣篮却发生在2000年悉尼奥运会上。在奥运会男篮比赛小组赛中，美国男篮对阵法国男篮，下半场还剩16分02秒，卡特在前场抢断了法国队的传球，就地反击，冲向法国队内线。

　　只见卡特迈过罚球线两步，直接起飞，他竟然飞越了身高达到2.18米的法国队中锋弗雷德里克·维斯的头顶，然后完成单手战斧劈扣。现场所有人都被卡特的暴扣惊呆，卡特和队友凯文·加内特振臂庆祝，大开眼界的现场观众爆发出雷鸣般的掌声。卡特这个扣篮被誉为"死亡之扣"，他将扣篮的暴力美学诠释到了极致。

　　如果单纯比暴力扣篮，格里芬相比卡特有过之而无不及。在2012年4月5日快船队与湖人队的洛杉矶德比战中，格里芬一场比赛两次上演惊天隔扣，羞辱的对象都是保罗·加索尔。在首节刚开始，兰迪·弗耶三分不中，球弹筐而起，提前做出预判的格里芬冲刺起跳，碾压加索尔完成双手灌篮。悲惨的加索尔不仅成了背景板，而且被无情撞翻，狼狈地摔在地上。所有人都被震撼到，科比·布莱恩特和安德鲁·拜纳姆都忘记去扶加索尔，默默地走向前场。

　　而在第三节还剩7分55秒时，卡隆·巴特勒运球突破，送出击地妙传，格里芬接球直面篮筐，准备大力扣篮。加索尔补防过来，他本想阻止格里芬暴扣以挽回颜面，但结果却是他又一次惨遭羞辱。格里芬隔着加索尔战斧劈扣，并再次将他撞翻在地，慢镜头扫到了加索尔的队友拜纳姆，他转身露出了狰狞的表情，可见格里芬的扣篮有多么残暴。

　　除了卡特和格里芬，像迈克尔·乔丹、勒布朗·詹姆斯、科比·布莱恩特、多米尼克·威尔金斯、朱利叶斯·欧文、德怀恩·韦德、扬尼斯·阿德托昆博、拉塞尔·威斯布鲁克和德怀特·霍华德等超级巨星，都曾上演过太多充满力量和美感的暴扣。正因为有他们，篮球运动才会受到如此多球迷的热爱。

历史最强扣篮对决：
拉文、戈登史诗表演

扣篮大赛中的经典数不胜数，所谓见仁见智，相信每个人心中都有最佳一扣。但若论扣篮大赛中最强的对决，扎克·拉文与阿隆·戈登在2016年全明星赛上的交锋，绝对称得上历史最强，没有之一。

彼时两位年轻的扣将，连续奉献多个让人目不暇接的经典扣篮，最终比赛以拉文惊险胜出终结，缔造了扣篮大赛历史上最经典的对决。

2016年扣篮大赛决赛，戈登登场后送上一记胯下半转身暴扣，拉文随即送上空中背后换手暴扣，两人的开场已经足够惊艳。随后两人开启了更让人叫绝的"神仙打架"——戈登邀请吉祥物帮忙，从旋转的吉祥物手中拿走篮球，送上一记滑翔暴扣，空中带有摸头后转身的动作，动作之舒展配上他高挑的身材，可以说是诠释了力与美的结合。拉文毫不示弱，空中接力大回环风车暴扣，将漂移演绎到了淋漓尽致。

两人不分伯仲，继续给球迷展现着自己的才华。身高超过2米的戈登，再度邀请吉祥物帮忙，最终空中折叠，从臀部将篮球捞起送上一记难于登天的暴扣，这个球拉伸幅度之大让人叹为观止，最终完成力道之强同样让人大呼过瘾。

此时的拉文，只能拿出压箱底的"绝学"，一记罚球线起跳风车暴扣，致敬无数扣篮前辈，同时在飘逸层面上更胜一筹。

两人随后又接连送上打篮板侧沿的空接暴扣，以及从篮板后起飞的高难度动作。决胜一扣，戈登的大幅度舒展的背扣，输给了拉文的罚球线起跳换手暴扣。

　　虽然最终以戈登憾负结束，但这次扣篮大赛可以说是没有输家。拉文彰显了自己的飘逸舒展，他的每一扣都干净利落，姿态绝美。戈登扣出了自己的力量和舒展，大个子球员扣篮的劣势，被他舒展的身姿以及力道十足的终结完美规避。

　　史诗级的扣篮大赛，NBA扣篮大赛绚烂历史上最璀璨的一颗明珠，由这两位年轻的扣将铸就，前无古人，后也难以被超越。

孤胆英雄　阿伦·艾弗森

阿伦·艾弗森或许是 NBA 有史以来最独特的球员之一。

他身高只有 1.83 米，体重不过 74 千克，却是堪与迈克尔·乔丹、科比·布莱恩特相比的伟大得分手；他似乎是天赋流选手，那段著名的有关训练的言论更是引来许多争议，但同时他又是一个令人尊敬的斗士，是孤胆英雄的代名词；他从未赢得过总冠军，但其独特的个人风格却收获粉丝无数，成为 NBA 的文化符号，是整个联盟历史上，最具影响力的球员之一。

——引语

·晃过乔丹

孤胆英雄

有很多答案可以解释，为什么"答案"艾弗森可以成为一名比赛的改变者。

虽然身材瘦小，但艾弗森却是篮球运动历史上最具活力的超级得分手之一。他并不是那种将各项技艺锤炼至炉火纯青的技巧型球员，其独特的打法，锋芒毕露，锐利无比，甚至有些"简单粗暴"。

艾弗森可以凭借惊人的速度轻松将防守者甩在身后，用急停跳投、突破上篮，甚至隔人暴扣来完成得分，但他最具代表性的个人招牌技，却当数那幅度夸张的体前交叉变向过人。

1997 年 3 月 12 日，身为"菜鸟"的艾弗森面对"篮球之神"迈克尔·乔丹的一对一防守，用连续的左右虚晃完全骗过对方，然后干拔跳投命中。那一幕，从此成为 NBA 永恒的经典。

乔丹当时的队友，也是如今勇士队的冠军主帅史蒂夫·科尔后来接受采访时，曾如此评价艾弗森：

"他那招变向过人，在我看来，改变了 NBA 球员的比赛方式。在他之前，类似的动作常被吹成翻腕违例，人们总是规规矩矩地把手放在球的上方。所以他的这个动作是开创性的，因为他有一个犹豫步的假动作，这是之前没人做过的。"

· 孤胆英雄

艾弗森无疑是个运动天才，可即便如此，在长人如林的 NBA 赛场上讨生活，也绝非易事。更何况他还 4 次赢得联盟得分王，3 次夺得抢断王，11 次入选全明星，单核带队杀进过 NBA 总决赛。这些成就，已经足够说明他是一名坚忍、无畏的球员。

艾弗森的优势在于他的速度，更在于他的勇气。他从不怯于对抗，总是一往无前地杀向篮筐，即便遭遇凶狠犯规也在所不惜。这样的打法，也为他带来了满身伤病，有媒体做过统计——艾弗森的职业生涯里，全身上下总共有至少 30 个部位出现过伤病，但他从来没有因此退缩。

艾弗森还是 NBA 赛场上最富个人英雄主义色彩的超级明星。2000—2001 赛季，他在队友场均得分不超过 13 分的情况下，单核带队杀进总决赛，和拥有奥尼尔、科比超级二人组的湖人队展开一番血战。

那轮系列赛，艾弗森场均上场 47.8 分钟，独得 35.6 分，虽然 76 人队因为实力差距最终 1∶4 落败，但艾弗森却没有输！

· 潮流偶像

艾弗森是一名伟大的篮球运动员，但他的影响力，并不限于篮球。他的另外一大贡献，是将街头的嘻哈文化也带进了篮球场，并且通过 NBA 比赛的转播镜头，引领了全世界的潮流文化。

初出茅庐的艾弗森，就像是 NBA 世界的一个异类，他顶着一头"地垄沟"式发辫，穿着超大号的衣服，佩戴各种珠宝和金饰，满身的文身，和之前所有的球员都不一样。但所有这一切，很快

就成了新的时尚标准，让年轻一代的球迷为此兴奋不已，也被后来进入联盟的球员们争相模仿。

2000 年，艾弗森曾因为手臂有伤而选择佩戴护臂，结果这一完全出于保护身体考虑的装备，却被后人拼命模仿，因此成为一种潮流。

艾弗森独特的个人风格让他失去了一些守旧的球迷，NBA 甚至一度为此出台了着装令，但事实证明，潮流是没有办法阻挡的。

艾弗森并不是一个完美的球员，无缘总冠军也是他职业生涯永远的缺憾。但不管怎样，他都是有史以来最独特，也是最具影响力的篮球偶像之一。

阿伦·艾弗森 生涯主要荣誉

1次常规赛MVP

11次全明星

2次全明星MVP

7次最佳阵容

1次最佳新秀

4次得分王

3次抢断王

2016年入选名人堂

2021年入选NBA75大巨星

优雅神射　雷·阿伦

雷·阿伦职业生涯共投进了 3358 个（常规赛生涯 2973 个，季后赛生涯 385 个）三分球。在雷·阿伦投进的这么多远投中，最重要和最价值连城的非 2012—2013 赛季总决赛第六场第四节最后时刻的那粒三分球莫属，它可能也是 NBA 季后赛历史上最伟大的一记三分球。

——引语

优雅神射

2012—2013赛季总决赛是两种篮球风格的极致对决，勒布朗·詹姆斯、德怀恩·韦德和克里斯·波什领衔的热火队代表着巨星篮球，而蒂姆·邓肯、马努·吉诺比利、托尼·帕克和科怀·伦纳德所在的马刺队则是崇尚团队篮球。系列赛前五场打完，热火队总比分2∶3落后，第六场他们主场作战，第四节结束前23秒热火队以89∶94落后5分，现场的气氛令人窒息，甚至有些绝望，NBA官方人员已经准备好仪式要给马刺队颁奖了。

詹姆斯弧顶强行出手三分，结果连篮筐都没有碰到，迈克·米勒在人群中捡到宝贵的前场篮板，再次给到詹姆斯手中，他拔起再投，三分命中，为热火队续了一口气。热火队随后对伦纳德犯规，在现场观众的山呼海啸中，伦纳德两罚一中，这给了热火队扳平的希望。

第四节还剩10秒钟，詹姆斯在与上一次投中三分球相同的位置再度尝试远投，但球砸筐而出。就在所有人以为比赛尘埃落定之际，波什在内线倾尽全力跳起，抢到进攻篮板，传给了雷·阿伦。此时离比赛常规时间走完只剩下7秒，雷·阿伦清醒地意识到他必须投一个生涯最重要的三分球，才能够拯救在死亡边缘的热火队。

雷·阿伦迅速撤步到底角处，双脚正好在三分线后，有着将近20年经验的他太熟悉场上的各个三分点了。此时，所有人都知道雷·阿伦将要做什么，帕克已经不顾一切地扑了上去，但雷·阿伦没有任何犹疑和退缩，他用自己教科书般的投篮动作出手三分，球应声入网。

95：95！雷·阿伦用一个神奇的三分扳平了比分，挽狂澜于既倒，比赛进入加时赛！系列赛之后的走势，热火队通过加时险胜马刺队，将总比分扳成3：3；最后的"抢七大战"，詹姆斯统治了比赛，率领热火队夺冠，而马刺队则功亏一篑。

重新评估雷·阿伦这记三分球的历史意义，它配得上所有的赞誉和褒扬。这个远投直接改变了2012—2013赛季NBA总冠军的归属，热火队顺利卫冕，达成两连冠的成就，而马刺队队史第五冠不得不因此延后，同时也影响到了包括詹姆斯、邓肯、韦德和伦纳德等巨星在内的职业生涯和历史地位。值得一提的是，2012—2013赛季季后赛，麦迪也效力于马刺队，他曾无限接近自己生涯的首座总冠军奖杯，结果却被雷·阿伦的这个三分球无情砸飞。

雷·阿伦 生涯主要荣誉

| 2次总冠军 |
| 10次全明星 |
| 2次最佳阵容 |
| 1次奥运会冠军 |
| 2018年入选名人堂 |
| 2021年入选NBA75大巨星 |

传球大师　史蒂夫·纳什

纳什拥有着极致的传、控、运技术，在细腻的技巧之外，他的球风也非常飘逸，屡屡用匪夷所思的动作完成助攻。

细腻的技巧、敏锐的洞察力、全面的能力，造就了这位绰号"风之子"的飘逸生涯，在联盟历史上留下了一段不可磨灭的绚烂篇章。

——引语

传球大师

能够与纳什飘逸的长发媲美的，唯有他更为飘逸的传球。这位将自己的巅峰生涯全部奉献给菲尼克斯太阳队的传奇控卫，两次拿下常规赛MVP。助攻，顾名思义便是用传球帮助队友得分。纳什能够拿下两次MVP的原因，则是用传球帮助太阳队变得更好。

2004—2005赛季，纳什场均15.5分、11.5次助攻拿下MVP。单纯地从数据角度衡量，似乎有些"名不副实"，但若是将这组数据扩展开来，那么他的价值便清晰可见了。

2004—2005赛季，纳什率队拿到了62胜20负的战绩，让上个赛季仅仅取得29胜的太阳队从鱼腩球队一跃成为全联盟第一。彼时的他，用出色的进攻梳理让太阳队掀起快打旋风，成为全联盟最为华丽的球队。那个赛季的纳什，也创造了诸多神迹：

他成为继奥斯卡·罗伯特森、迈克尔·乔丹、阿伦·艾弗森之后，又一位赢得MVP的后卫球员；他也成为太阳队队史上继查尔斯·巴克利之后，第二位拿到MVP的球员；自哈基姆·奥拉朱旺之后，他是又一位拿到MVP的国际球员。

那个赛季，纳什场均11.5次助攻，是自1994—1995赛季的约翰·斯托克顿后的最高，他连续11场助攻上双创造NBA纪录，连续4场比赛打出25+得分和10+助攻。

太阳队大逆袭的战绩以及创造的诸多神迹，足以证明纳什这个MVP的价值。彼时太阳队的7秒进攻华丽至极，他和阿玛雷·斯塔德迈尔的挡拆，更是成为全联盟球队的梦魇。纳什的助攻不仅能够帮助队友轻松得分，更是带动全队走向一个让全联盟都难以跟上的节奏。

2005—2006赛季，太阳队受困于伤病战绩下滑，主力轮换中多人长时间缺阵，但纳什依旧斩获了MVP。那个赛季他场均拿到18.8分、4.2个篮板、10.5次助攻，在全队伤兵满营的不利局面下，他依旧送出了两位数的助攻。

在个人进攻层面，他更是成为历史上第4位投篮命中率50%+、三分命中率40%+、罚球命中率90%+的球员，依靠高效的个人攻击以及出色的带动队友的表现，他带领残阵太阳队依旧取得54胜的成绩。

纳什就此成为历史上第9位连续两年拿到MVP的球员，也是历史上第3个完成这一壮举的后卫球员（仅次于埃尔文·约翰逊和迈克尔·乔丹）。

纳什生涯两次拿到全明星技巧大赛冠军、5次加冕助攻王，这都是对他风格的最好肯定。2010—2011赛季，已经37岁的他还以场均11.4次助攻傲视联盟，成为NBA历史上的最老助攻王。2011年3月他曾单场送出20次助攻，以37岁的高龄做到如此数据，同样也是历史独一份。

纳什拥有着极致的传、控、运技术，除了细腻的技巧之外，他的球风也非常飘逸，屡屡用匪夷所思的动作完成助攻。不仅如此，他在行进过程中的处理球同样是看家绝学，正因拥有这样的技能，他才能够在转换进攻、挡拆进攻中分毫不差地为队友送出妙传。细腻的技巧、敏锐的洞察力、全面的能力，造就了这位绰号"风之子"的飘逸生涯，在联盟历史上留下了一段不可磨灭的绚烂篇章。

史蒂夫·纳什 生涯主要荣誉

2次常规赛MVP

8次全明星

5次助攻王

7次最佳阵容

2018年入选名人堂

2021年入选NBA75大巨星

悲情天才　特雷西·麦克格雷迪

> 火箭队是一代球迷对篮球的最初印象，构筑起了他们的青春。而 35 秒 13 分的"麦迪时刻"毫无疑问是那代球迷最经典也是最美好的记忆之一，哪怕你遗憾错过了那个热血时代，你也应该听过这段传奇。
>
> ——引语

姚明、麦迪和火箭队是一代球迷对篮球的最初印象，构筑起了他们的青春。而35秒13分的"麦迪时刻"毫无疑问是那代球迷最经典也是最美好的记忆之一，哪怕你遗憾错过了那个热血时代，你也应该听过这段传奇故事。

这本是在2004年12月10日的一场普通常规赛，火箭队和马刺队力拼防守，在拉锯战中，火箭队逐渐落入下风，终场前44.2秒，在马刺队的德文·布朗两罚全中后，火箭队以68∶76落后。在那个三分球还不盛行、防守才是主流的年代里，这几乎是一个不可能逆转的分差，火箭队主场球迷已经失去了信心，纷纷离开座席，急着走向停车场准备开车回家，以避免交通拥堵，火箭队主场变得稀稀拉拉。

此时的麦迪孤注一掷，他别无他法，只能选择用强投三分的方式去搏一搏。麦迪后场拿球后推进，马刺队外线大闸布鲁斯·鲍文不敢大意，紧追不舍。麦迪借助队友的掩护，对上了马利克·罗斯，他在终场前35秒毫不犹豫地干拔三分，球应声入网。火箭队马上战术犯规，布朗再次两罚两中，火箭队依然落后7分。

麦迪在跟时间赛跑，他快速运球到前场，依靠姚明的掩护躲过了鲍文的纠缠，但却遇上了另一位防守大师蒂姆·邓肯。麦迪投篮假动作晃起邓肯，无所畏惧地主动找对抗后远投出手，不仅命中三分，而且造成犯规，这个技惊四座的"打四分"帮助火箭队将分差缩小到了3分。

之后火箭队再次犯规，老道的马刺队也没有犯错，邓肯两罚全中，火箭队终场前16秒落后5分，他们依然在等待奇迹。而这一夜，上天仿佛在眷顾麦迪，火箭队前场发界外球，麦迪在托尼·帕克和鲍文两人的追防下被迫到中线附近才勉强拿住球，他右手突破，但没能甩开鲍文。来到三分线外，麦迪后仰漂移强行出手，球空心入网。火箭队只落后2分，那些还在坚持的球迷看到球队有希望完成惊天逆转，他们欢呼雀跃，将火箭队主场的气氛推向了高潮。

自助者天助也。在比赛的最后时刻，一向稳健的马刺队终于犯错，布朗底线运球失误，被麦迪抢断。麦迪中路长驱直入，身前身后有四名马刺队的防守球员。但这时候的麦迪已经杀疯了，他在布伦特·巴里和托尼·帕克的夹击之下，高高跃起，出手三分，再次精准命中目标，为这场前所未见的精彩好戏画上了圆满的句号。

比赛最后35秒，麦迪三分球4投4中，其中还包括一个"打四分"，以一己之力打出13∶4的进攻潮，将强大的对手斩于马下。"难以置信。在这个故事的结尾，麦迪的手感热得发烫，无法阻挡。"马刺队主帅波波维奇摇着头说道。

这绝对是NBA历史上最为神奇的表演之一，麦迪用实际行动完美诠释了NBA的口号"这是神奇发生之地"。无论多少年后，每当人们回顾"麦迪时刻"，都会感叹"不可思议"。

"我发誓我从来没有经历过这样的一幕。"麦迪说道，"我不敢相信这一切，我都不知道我们是如何赢下这场比赛的，我也不清楚自己到底扔进了多少个三分球。"

"麦迪时刻"足以留名青史，但在很多球员、专家和球迷看来，麦迪的职业生涯本该达到更高的高度，因为他的天赋足以排在NBA顶尖那一档。但可惜的是伤病和命运却一直在和他开玩笑，

特雷西·麦克格雷迪 生涯主要荣誉

7次全明星

2次得分王

7次最佳阵容

2017年入选名人堂

最强第六人　马努·吉诺比利

在 NBA 的历史上，有这样一类球员——他们为了球队的利益，甘愿自我牺牲，接受与个人能力并不匹配的角色定位，因此往往被世人低估。这些人都有一个共同的名字——超级第六人。

如果综合球员个人能力、自我牺牲的程度、改变比赛走势的能力、职业生涯所取得的成就，以及各自所处时代的竞争激烈程度，为 NBA 的超级第六人选出一个代表人物，马努·吉诺比利绝对是最佳人选。

——引语

·被低估的超级明星

在 2002 年登陆 NBA 之前，吉诺比利已经是名满欧洲的超级巨星，获得过意大利篮球联赛冠军、欧洲篮球联赛冠军，并当选欧洲篮球联赛 MVP。

在此后 16 年的 NBA 生涯里，吉诺比利全部在马刺队度过，总共参加了 1057 场常规赛，其中有 708 场出任替补，场均上场时间仅有 25.4 分钟，场均数据不过是 13.3 分、3.5 个篮板、3.8 次助攻。

可是如果提到马刺队，人们总是会提到"GDP 组合"，将吉诺比利与另外两位球星蒂姆·邓肯和托尼·帕克相提并论。这不仅因为他在效力马刺队期间帮助球队取得了同期联盟最佳战绩，四次赢下总冠军，更因为他完全有资格要求更多的上场时间，也有能力打出更华丽的数据表现，收获更多的个人荣誉。

吉诺比利曾在 2004—2005 赛季 74 次出场全部首发，在 2010—2011 赛季 80 场比赛 79 次首发，结果这两个赛季，他都入选了全明星。但这也是吉诺比利仅有的两次全明星经历，很显然，如果获得和个人实力相匹配的战术地位，他每

最强第六人

一年都应该有机会入选。

吉诺比利职业生涯只有两次入选 NBA 年度最佳阵容，而且都是最佳阵容三阵，这不仅因为他和科比、艾弗森、雷·阿伦、韦德等超级巨星的位置重合，更在于他为了球队做出了巨大的自我牺牲。

然而，在四座金光闪闪的冠军奖杯面前，任何用个人荣誉评估吉诺比利价值的做法，都是对篮球这项集体运动最大的侮辱。

· 领先于时代的男人

波波维奇治下的马刺队，以超强的纪律性著称，而吉诺比利，是唯一获得准许可以在体系之外自由发挥的球员。也正是因为他的存在，赋予了马刺队生机与活力，让他们变得更加危险，也更有魅力。

作为一名来自阿根廷的球员，吉诺比利的血液中流淌着属于南美人的激情与浪漫，其球风狂放不羁，总是做出出人意料的举动，奉献让人拍案叫绝的表演。

吉诺比利充满激情、勇于冒险的比赛风格，对于如机器一般冷静低调的马刺队来说，是难得的调味剂。除此之外，他还开创了一种全新的比赛方式——其创新性的欧洲步，以及惊心动魄的速度，在那个时代显得如此特别，但都在他之后被无数人争相模仿，成为一个新的技术流派。

如果说蒂姆·邓肯是马刺队的身体，那么吉诺比利就是马刺队跳动的心脏。

· 天生赢家

奈史密斯篮球名人堂在 2021 年 12 月 22 日公布了 2022 届的候选人名单，吉诺比利位列其中。除了表彰其伟大的 NBA 生涯之外，还和他在国际赛场上所取得的辉煌成就直接相关。

吉诺比利似乎天生就是一个赢家，他在欧洲和美国都有成功的职业生涯，除此之外，他还是阿根廷男篮黄金一代的领军人物，在国际赛场上立下了不朽功绩。

2002 年夏天，还没有 NBA 经验的吉诺比利，就已经在印第安纳波利斯的男篮世锦赛上带领阿根廷队力挫大牌云集的美国队，终结了"梦之队"58 场不败的神话。最终，阿根廷队收获了一枚宝贵的银牌，而没能夺金的一个关键原因，是吉诺比利脚踝受伤，影响了他决赛的发挥。

　　两年后的雅典奥运会上，吉诺比利弥补了遗憾，带领阿根廷男篮再次击败美国队，将其挡在决赛大门之外。最终，他们 84：69 大胜意大利男篮，赢得了球队历史上第一个世界冠军。吉诺比利也凭借优异的表现，当选最有价值球员。

马努·吉诺比利 生涯主要荣誉

4次总冠军

2次全明星

2次最佳阵容

1次NBA最佳第六人

1次奥运会冠军

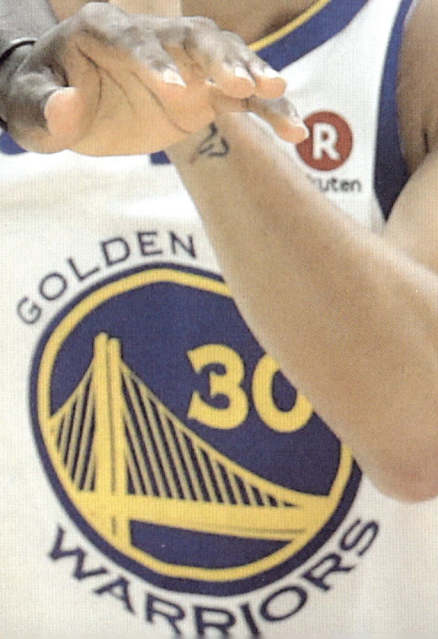

巨星闪耀

江山代有才人出！天选之子、三分之神、控球至圣、三双王者……他们打破历史、打破纪录，他们成为潮流的引领者，他们重新定义了现代篮球。这个时代，群星闪耀。

天选之子 勒布朗·詹姆斯

NBA 从 20 世纪 80 年代起在"魔术师"约翰逊和"大鸟"伯德的推动下蓬勃发展，到了 90 年代，乔丹将联盟和篮球运动推向了顶峰。进入 21 世纪，NBA 迎来盛世，涌现出了科比、奥尼尔、邓肯、诺维茨基、加内特、艾弗森和麦迪等一批天赋异禀、实力出众且个性突出的超级巨星。而在这些人之后，NBA 需要一个新的时代统治者，此时天选之子出现了，他就是勒布朗·詹姆斯。

——引语

· 天纵奇才

1984年12月30日詹姆斯出生于俄亥俄州的阿克伦，家境贫寒，母亲格洛莉亚生他的时候只有16岁。詹姆斯从小到大都不知道自己的生父是谁，自然而然，他整个成长经历都缺失父爱。儿时的詹姆斯随母亲生活在外婆租来的贫民窟里的房子里，但他们经常因为交不起房租而被赶走，在詹姆斯5岁到8岁期间，他们一共搬了12次家。

但英雄不问出处，在詹姆斯9岁时接触篮球，五年级起进行系统化的篮球训练后，他的人生就像开了挂一样。高一赛季詹姆斯场均21分、6个篮板，率领圣玛丽高中以27胜0负的战绩夺得州冠军。高二赛季詹姆斯场均数据达到25.2分、7.2个篮板、5.8次助攻、3.8次抢断，他的天赋已经引起了全美的关注，大学和NBA的球探慕名而来。

由于詹姆斯的存在，圣玛丽高中主场比赛一票难求，学校只能借用有5492个座位的阿克伦大学主场球馆。詹姆斯率领圣玛丽高中单赛季打出26胜1负的战绩，卫冕州冠军，他被评为俄亥俄州篮球先生，入选《今日美国》评出的全美第一阵容。一名高二球员能够收获这些殊荣，詹姆斯是历史上第一个。

2002年，年仅17岁的詹姆斯登上了《体育画报》的封面，成为历史上首位做到这一点的非毕业班高中球员，杂志封面的标题为"THE CHOSEN ONE"，意为"天选之子"。到了高四，詹姆斯已经誉满全美，由于他巨大的影响力，圣玛丽高中的比赛场场爆满，比赛直播要付费订阅观看，ESPN甚至还进行过全美直播。

詹姆斯在2003年决定以高中生球员的身份直接参加NBA选秀，尽管同届中有安东尼、韦德和波什这样富有天赋且经过大学比赛历练的年轻才俊，但詹姆斯还是毫无悬念地在第一顺位被骑士队选走，他成为历史上最年轻的状元秀。新秀赛季，詹姆斯场均20.9分、5.5个篮板、5.9次助攻，成为继奥斯卡·罗伯特森和迈克尔·乔丹后第三位在生涯首个赛季就至少贡献20+5+5的球员，他荣膺最佳新秀，是历史上加冕这一荣誉最年轻的球员。

同样是在新秀赛季，詹姆斯成为NBA历史上最年轻的单场得到30分和40分的球员。在2004年2月10日，詹姆斯达成生涯1000分的里程碑，是NBA历史上最年轻的1000分先生。

· 四夺 MVP

在NBA初体验后，詹姆斯的职业生涯开始腾飞，他的第二个赛季场均27.2分、7.4个篮板、7.2次助攻和2.2次抢断，投篮和三分球命中率达到47.2%和35.1%，相比新秀赛季，他所有数据都大幅提升。2005年3月21日，年仅20岁的詹姆斯轰下56分，创造骑士队队史得分纪录。

之后的2005—2006赛季，詹姆斯更是全面开花，场均31.4分，是NBA历史上赛季场均得分30+的最年轻球员，在全明星赛上得到29分，率领东部明星队击败西部明星队，他成为历史上最年轻的全明星赛MVP得主。在常规赛MVP评选当中，詹姆斯高居第二，仅次于史蒂夫·纳什。在这个赛季，詹姆斯首次晋级季后赛，季后赛处子秀，他狂砍32分、11个篮板和11次助攻，是季后赛历史上打出三双的最年轻球员。

进入巅峰期的詹姆斯开始持续不断地攫取各大荣誉和数据纪录。2006—2007赛季季后赛，詹姆斯单核带队，率领骑士队过五关斩六将，一路杀入了总决赛，这是詹姆斯职业生涯首次总决赛之旅。之后的2007—2008赛季，詹姆斯场均30分、7.9个篮板和7.2次助攻，收获生涯首个得分王头衔，并第二次赢得全明星赛MVP，他在2008年3月22日超过布拉德·多赫蒂成为骑士队队史得分王，所用场次比对方少了100多场。

2008—2009赛季，詹姆斯在攻守两端的表现进一步升华，场均28.4分、7.6个篮板、7.2次助攻、1.7次抢断和1.15次盖帽，单赛季完成23次追帽，共送出生涯最高的93次盖帽。詹姆斯场均得分、篮板、抢断和盖帽全部领衔于球队，率领骑士队打出66胜16负的队史最佳常规赛战绩。詹姆斯首次荣获常规赛MVP，这也是骑士队队史的首个常规赛MVP奖杯。另外在最佳防守球员评选中，詹姆斯高居第二，他生涯首次同时入选最佳阵容第一阵容和最佳防守阵容第一阵容。

在2009—2010赛季，詹姆斯场均29.7分、7.3个篮板、8.6次助攻、1.6次抢断和1次盖帽，率领骑士队以61胜21负连续两年成为全联盟常规赛战绩最好的球队。没有任何悬念，詹姆斯成功卫冕常规赛MVP，并再次入选最佳阵容第一阵容和最佳防守阵容第一阵容。

詹姆斯在骑士队效力七年之后转投热火队，他继续在迈阿密开疆拓土。2011—2012赛季，詹姆斯在技术上有了新的飞跃，提升了自己的低位背打能力，他整个赛季场均27.1分、7.9个篮板、6.2次助攻、1.9次抢断，投篮命中率创生涯新高53.1%，第三次荣获常规赛MVP奖项。

到了2012—2013赛季，彼时已夺得生涯首冠的詹姆斯，在球场上尽显王者之气，他场均26.8分、8个篮板、7.3次助攻、1.7次抢断和0.9次盖帽，投篮命中率达到56.5%，再度刷新生涯纪录。在常规赛期间，詹姆斯率领热火队打出了27连胜的骄人表现，球队最终战绩达到66胜16负，不仅高居联盟第一，还创造了热火队队史最佳战绩。在常规赛MVP评选中，詹姆斯拿到了121张选票中的120张第一选票，差一点儿成为历史上首位全票MVP。

詹姆斯在五年时间里四夺MVP，追平张伯伦，是

NBA历史上获得常规赛MVP次数第四多的球员，仅次于贾巴尔（6次）、比尔·拉塞尔（5次）和乔丹（5次）。而且，詹姆斯是在自己28岁时就获得了四座常规赛MVP，是NBA历史上达成这一成就的最年轻球员。

·连续八年晋级总决赛

乔丹用六次总决赛六夺总冠军实现了对20世纪90年代的绝对统治，但詹姆斯的统治方式是他在2011年到2018年连续八年率领球队杀入总决赛。

2010—2011赛季，詹姆斯将天赋带到了迈阿密，与韦德、波什组成"热火三巨头"。自此，热火队成为东部霸主，连续四年闯入总决赛，并在2011—2012赛季和2012—2013赛季夺得总冠军，詹姆斯两次荣膺总决赛MVP。在2013—2014赛季总决赛不敌马刺队之后，詹姆斯决定重回克利夫兰，他要履行先前的承诺，为家乡球队夺得总冠军奖杯。

詹姆斯在2014—2015赛季再次披上了骑士队的球衣，骑士队也取代了热火队，成为东部最强的球队。从2015年到2018年，詹姆斯率领骑士队连续四年晋级总决赛，在2015—2016赛季1∶3落后于常规赛73胜的勇士队的情况下完成惊天逆转，成为总决赛首支1∶3落后最终逆转夺冠的球队。詹姆斯不仅率领骑士队夺得队史首冠，这也是克利夫兰52年来首座四大职业体育联盟的冠军奖杯。

詹姆斯个人连续八年晋级总决赛，这是NBA并列第四的纪录，仅次于拉塞尔（10次）、海因索恩（9次）和萨姆·琼斯（9次）。但在拉塞尔那个时代，NBA总共只有八九支球队，詹姆斯的成就无疑难度更大，含金量更高。拉塞尔、海因索恩和琼斯连续打入总决赛的纪录都是在凯尔特人队王朝时期创造的，而詹姆斯是在热火队和骑士队连续八年进入总决赛，他因此成为NBA历史上首位能够率领不同球队连续八次打入总决赛的球员。

詹姆斯统治东部整整八年时间，其间打散了凯尔特人队、公牛队、步行者队、老鹰队和猛龙队等多支球队。加上2006—2007赛季和2019—2020赛季，詹姆斯生涯至今共10次进入总决赛，与贾巴尔并列历史第三，仅次于拉塞尔（12次）和琼斯（11次）。詹姆斯四次夺冠，四次荣膺总决赛MVP，他和乔丹是NBA历史上仅有的两位能至少四次获得常规赛MVP和总决赛MVP的球员。

勒布朗·詹姆斯 总决赛历史纪录

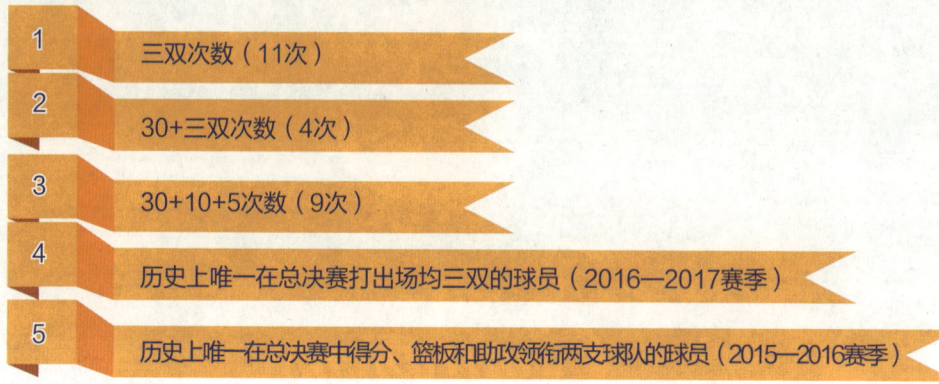

1. 三双次数（11次）
2. 30+三双次数（4次）
3. 30+10+5次数（9次）
4. 历史上唯一在总决赛打出场均三双的球员（2016—2017赛季）
5. 历史上唯一在总决赛中得分、篮板和助攻领衔两支球队的球员（2015—2016赛季）

·纪录收割机

　　詹姆斯从进入联盟开始，就是行走的纪录收割机，保持着联盟历史数十项的最年轻纪录。从1000分、2000分、3000分一直到37000分，每隔1000分，詹姆斯都是最年轻的得分纪录保持者，而且他还在持续刷新这一纪录。在NBA历史得分榜上，詹姆斯高居第二，不断缩小与贾巴尔（38387分）的差距，他有机会冲击历史总得分第一的纪录。

　　在詹姆斯职业生涯共13次入选最佳阵容一阵，这已经创造了NBA的历史纪录。詹姆斯65次赢得周最佳，46次获得月最佳，这两项数据也是NBA的历史纪录。另外，詹姆斯18次成为全明星首发球员，共在全明星赛上得到413分，命中40个三分，投进172个球，全部创造NBA的历史纪录。

　　2021—2022赛季，詹姆斯场均贡献30.3分、8.2个篮板、6.2次助攻。37岁的詹姆斯成为NBA历史上年龄最年长的场均30分球员，同时，詹姆斯还保持着的单赛季场均30分最年轻球员的纪录。2005—2006赛季，21岁的詹姆斯场均得到31.4分，成为NBA历史上最年轻的单赛季场均30分球员。

勒布朗·詹姆斯 保持的最年轻历史纪录

1. 最年轻5000分先生（21岁22天）
2. 最年轻10000分先生（23岁59天）
3. 最年轻15000分先生（25岁79天）
4. 最年轻20000分先生（28岁17天）
5. 最年轻25000分先生（30岁307天）
6. 最年轻30000分先生（33岁23天）
7. 最年轻35000分先生（36岁50天）
8. 最年轻37000分先生（37岁88天）

·季后赛杀神

在人才济济的NBA，季后赛才能够检验超级巨星的成色，而在这个舞台上，詹姆斯书写下了波澜壮阔的篇章。在2006—2007赛季东部决赛第五场比赛中，詹姆斯面对当时的东部霸主活塞队，在第四节和加时赛，包办了骑士队最后30分中的29分，包括终场前2秒的制胜上篮，全场狂砍48分、9个篮板和7次助攻，这被公认为是季后赛历史上最伟大的个人表演之一。

2011—2012赛季东部决赛第六场，詹姆斯所在的热火队面对余威尚存的凯尔特人队，他在球队总比分2∶3落后的情况下绝地反击，全场比赛疯狂轰下45分、15个篮板和5次助攻。2017—2018赛季季后赛，詹姆斯带着残破不堪的骑士队，场均得到34分、9.1个篮板和9次助攻，率领球队进入总决赛，这是詹姆斯个人带队能力的集中体现。

詹姆斯在季后赛中的经典战役不胜枚举，他共完成过八次绝杀，其中四次是压哨绝杀，两项数据均是NBA季后赛历史第一。

在季后赛数据排行榜上，詹姆斯多项数据位居前列，其中不少更是占据了榜首的位置。詹姆斯在季后赛出场266次，历史第一；得到7631分，不仅排在第一，而且也是NBA

季后赛历史上唯一得分突破6000分和7000分的球员。此外，詹姆斯还送出1919次助攻，位居第二，仅次于"魔术师"约翰逊（2346次）；抢断454次，高居季后赛第一；篮板2391个，排在第六；就连盖帽也有252个，排在第11位。

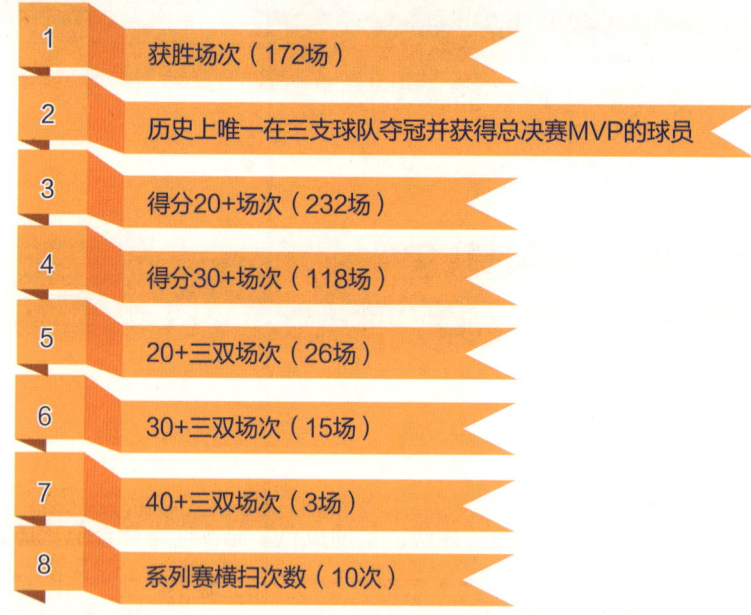

勒布朗·詹姆斯 季后赛历史纪录

1	获胜场次（172场）
2	历史上唯一在三支球队夺冠并获得总决赛MVP的球员
3	得分20+场次（232场）
4	得分30+场次（118场）
5	20+三双场次（26场）
6	30+三双场次（15场）
7	40+三双场次（3场）
8	系列赛横扫次数（10次）

· 得分狂人

詹姆斯的篮球信条是"传球第一，团队至上"，他职业生涯也只有一个得分王头衔，但这丝毫不能掩盖詹姆斯是顶级得分手的事实。从生涯第二个年头开始，詹姆斯连续七个赛季每个赛季至少得到2000分，直到2011—2012联盟遭遇停摆，他的纪录才宣告终结。

2022年2月13日，湖人队客场对阵勇士队的比赛中，詹姆斯在第三节比赛已经得到19分，职业生涯总得分（常规赛+季后赛）44150分（36500+7650），正式超越NBA名宿贾巴尔（44149分），成为历史总得分王！全场比赛，詹姆斯拿下26分、15个篮板、8次助攻，湖人队115：117不敌勇士队。

NBA历史总得分榜（常规赛+季后赛）前十

排名	球员	总得分	常规赛得分	季后赛得分
1	勒布朗·詹姆斯	44693	37062	7631
2	卡里姆·阿卜杜尔-贾巴尔	44149	38387	5762
3	卡尔·马龙	41689	36928	4761
4	科比·布莱恩特	39283	33643	5640
5	迈克尔·乔丹	38279	32292	5987
6	德克·诺维茨基	35223	31560	3663
7	威尔特·张伯伦	35026	31419	3607
8	朱利叶斯·欧文	34606	30026	4580
9	沙奎尔·奥尼尔	33846	28596	5250
10	摩西·马龙	31793	29580	2213

2022年3月20日，湖人队客场惜败奇才队，詹姆斯迎来里程碑，他的生涯常规赛总得分升至历史第二位。本场比赛之前，詹姆斯拿到36909分，距离第二位的卡尔·马龙只差19分。全场比赛，詹姆斯得到了38分实现超越。

8天以后，詹姆斯再度创造历史！3月28日，詹姆斯在与鹈鹕队的比赛中27投14中，拿到39分、9个篮板、5次助攻。他的生涯常规赛总得分达到37024分，成为历史上第二位能达到37000分的球员。

同时，詹姆斯成为NBA历史上最年轻（37岁零88天）的37000分先生，他还是NBA历史上最快拿到37000分的球员，他所用场次是1365场，贾巴尔得到37000分所用场次是1441场。

此外，从2004—2005赛季开始到2021—2022赛季，詹姆斯连续18个赛季场均至少得到25分，这是一项令人咋舌的纪录。除詹姆斯之外，NBA其他巨星在职业生涯中场均25+的赛季最多也只有12个，分别是乔丹、马龙和科比这三大顶尖攻击手，而詹姆斯是连续18个赛季场均25+，更难得的是，他的纪录还可能延续。

詹姆斯还是NBA连续得分上双的纪录保持者。詹姆斯在2007年1月6日对阵雄鹿队的比赛仅得8分，在此后超过15年的时间里他在所有常规赛中均至少得到10分。在2020年12月31日湖人队对阵太阳队的比赛中，詹姆斯达成了常规赛连续得分上双1000场的里程碑，是NBA历史上首位完成这一壮举的球员。目前，詹姆斯已经连续1096场常规赛得分上双，以詹姆斯的状态，他的这个记录还能长期延续下去。

· 全能战士

詹姆斯职业生涯主打小前锋，但他新秀赛季在骑士队出任得分后卫，后来在热火队有不少时间打大前锋，加盟湖人队后，他又扮演了组织者的角色。因此，你无法把詹姆斯固定在特定的位置和角色上，如果你一定要用一个词去定义詹姆斯，那就是"全能战士"。

詹姆斯生涯总得分已经超过37000分，高居历史第二，助攻突破10000次大关，位居历史第八，他是历史上唯一得分和助攻两项数据都跻身历史前10的球员。此外，詹姆斯生涯总篮板数超过10000个，达成了30000分、10000个篮板、10000次助攻的成就，同时，他也是NBA历史上唯一得分、篮板、助攻都破万的球员。

在NBA常规赛历史三双榜上，詹姆斯以105次排在第五，是这份榜单上排名最高的非控卫球员。而在季后赛三双榜上，詹姆斯以28次排在历史第二，仅次于"魔术师"约翰逊（30次）。在2014—2015赛季总决赛对阵勇士队的第五场，詹姆斯轰下40分、14个篮板、11次助攻，他成为继杰里·韦斯特后历史上第二位在总决赛轰下40+分三双的球员。而2015—2016赛季年总决赛"抢七大战"，詹姆斯贡献27分、11个篮板、11次助攻，这是他职业生涯最重要的一次三双。

勒布朗·詹姆斯 生涯主要荣誉

4个总冠军

4次总决赛MVP

4次常规赛MVP

3次全明星MVP

18次全明星

17次最佳阵容

6次最佳防守阵容

1次得分王

1次助攻王

1次最佳新秀

2次奥运会冠军

2021年入选NBA75大巨星

詹姆斯献
"The Block"

　　如果说起NBA历史上最重要的盖帽，相信很多人都会选择2015—2016赛季总决赛"抢七大战"生死时刻勒布朗·詹姆斯对安德烈·伊戈达拉的封盖。2015—2016赛季总决赛是NBA历史上最精彩的总决赛之一，当时常规赛73胜的勇士队取得3∶1领先，但詹姆斯率领骑士队连胜两场，将总比分扳平。

　　最后的"抢七大战"，两队战到了最后一刻，终场前1分59秒，比分为89∶89，勇士队获得了绝佳的机会，库里和伊戈达拉反击，他们面前只有J.R.史密斯一个防守球员。但詹姆斯全速回防，他在2.7秒的时间里狂追18米，最终在伊戈达拉上空篮之际，他及时起飞，大鹏展翅，送出钉板大帽。詹姆斯这个大帽为骑士队守住了关键的一球，也提振了士气，最终他们以93∶89战胜勇士队，完成了总决赛历史上唯一的从总比分1∶3落后到逆转的神话。

　　詹姆斯的这记封盖也被媒体称为"The Block"，是詹姆斯职业生涯中最为经典的镜头之一。

进攻万花筒 卡梅隆·安东尼

安东尼还是篮球场上的进攻万花筒，拥有完美的跳投技术，无论是面筐刺探步后的急停干拔，还是背身单打时的转身后仰，都堪称教科书级别。他是多项得分纪录的保持者，也是 NBA 最威名赫赫的关键先生之一。

——引语

进攻万花筒

勒布朗·詹姆斯高中时就被誉为"天选之子"，而卡梅隆·安东尼当时则被认为是詹姆斯的一生之敌。

詹姆斯以全面著称，安东尼则是一名更纯粹的得分手。曾几何时，两人难分高下，后来詹姆斯一路狂奔冲上了联盟第一人宝座，而安东尼也同样在NBA书写了属于自己的传奇。

作为2003超白金一代的探花秀，安东尼一进联盟就被掘金队当作核心培养，之后回到家乡纽约，也是一方豪强。在迄今为止的19年职业生涯里，他曾先后10次入选全明星，6次入选年度最佳阵容，其中2次二阵、4次三阵。两次在MVP排行榜上位列前十，包括一次第三。

安东尼还是篮球场上的进攻万花筒，拥有完美的跳投技术，无论是面筐刺探步后的急停干拔，还是背身单打时的转身后仰，都堪称教科书级别。他是多项得分纪录的保持者，也是NBA最威名赫赫的关键先生之一。

在已经完成的19个NBA赛季里，安东尼13次打进季后赛，其中10次是以当家球星的身份完成的。他曾率领掘金队打进西部决赛，和后来的总冠军湖人队打到了第六场。

安东尼还是美国男篮的功勋人物，有过4次奥运会经历，保持着多项国家队纪录，是美国男篮的历史得分王、篮板王，也是夺冠次数最多的球员。

从"甜瓜"到"瓜哥"，安东尼的篮球生涯并非没有挫折和遗憾，但无论是在球迷还是在球员中，他都拥有着极高的声望。

· 进攻狂人

安东尼并不是一名完美的球员，他的防守能力平平，作为一名持球手，其组织能力也并不出色，但仅就个人进攻手段和砍分能力而论，他绝对是NBA历史上的顶级水准。

安东尼拥有三号位球员当中出色的身高和力量，脚步动作多变，投篮手型标准，手感柔和。巅峰期的他，有足够快的第一步可以调动防守，然后选择急停跳投，同时也可以低位拿球，或背身强吃对手，或后仰，或后转身摸向篮下——即便不中，还有很强的冲抢篮板打成二次进攻的威胁。在进攻端，他几乎是无解的存在。

安东尼刚进联盟时身体和技术就已经非常成熟和完备，新秀赛季就有场均21分的表现，在那之后的13个赛季，他的场均得分都在20分以上，其中有7个赛季场均得分超过25分。连续14个赛季场均20+，在整个NBA的历史上只有6名球员做到过，除了安东尼，另外5位分别是目前历史得分榜排名前五的"天勾"贾巴尔、卡尔·马龙、勒布朗·詹姆斯、科比·布莱恩特和迈克尔·乔丹。而在职业生涯前14个赛季都有场均20+的得分表现的，此前只有贾巴尔、乔丹和詹姆斯。

2012—2013赛季，安东尼的职业生涯达到巅峰，那一年他以场均28.7分的成绩击败杜兰特、科比、詹姆斯等强大对手，荣膺联盟得分王。

安东尼不仅得分能力很高，而且得分爆发力极强。他曾在2008年12月11日掘金队主场对阵森林狼队的比赛中，第三节单节15投12中，狂砍33分，创造了当时的NBA历史纪录。直到2015年，这一纪录才被克莱·汤普森打破。

安东尼还是一名大心脏球员，越到关键时刻越值得信赖。

据统计，从2003—2004赛季进入联盟以来，安东尼曾经26次在比赛的最后30秒为所在球队命中超出比分的进球。这一成绩，同期排名联盟第一，高过科比（22次）、詹姆斯（20次）、诺维茨基（18次）和韦德（16次）。

而在比赛最后5秒时间里命中制胜球，安东尼共有17次，比同时期联盟中其他任何球员都多4次以上。

· FIBA 大杀器

安东尼的进攻在NBA已经近乎无解，到了FIBA赛场上，就更加无往不利。

在安东尼的进攻技术当中，有一个非常重要的手段就是长距离的两分球，而因为规则的差别，同样距离的出手，到了国际赛场上就是三分球。

此外，安东尼在身材和速度的结合方面，对于国际赛场上的对手来说，是天然的错位优势，这也让他成为NBA最适合外战的球员之一。

安东尼2004年首次入选美国队（2002年曾入选过美国青年队），作为"梦六队"的一员参加了雅典奥运会。在那之后，他又先后参加过2008年的北京奥运会、2012年的伦敦奥运会以及2016年的里约奥运会，除了2004年半决赛输给阿根廷，最终只获得一枚铜牌外，其他三届均成功夺金。

安东尼还作为联合队长之一，参加了2006年在日本札幌举行的男篮世锦赛，虽然美国队再一次被挡在决赛大门之外，只收获了铜牌，但安东尼在对意大利的比赛中独得35分，打破了当时美国队的个人单场得分纪录。那届比赛，他也凭借场均19.9分、3.7个篮板、1.6次助攻的表现入选了世锦赛最佳阵容。

安东尼是美国男篮历史上最伟大的球员，在参加国际比赛场次、国家队总得分、国家队总篮板等多项统计上都高居历史第一，还是单场得分纪录、单场罚球命中数纪录的保持者，是唯一连续两届奥运会都有单场30+砍分表现的球员，也是美国男篮历史上金牌数和奖牌数最多的球员。

因为在国际大赛上的出色表现，安东尼曾经先后三次被评为美国年度最佳男运动员。

安东尼在国际赛场的代表作，是2012年伦敦奥运会小组赛第三场对尼日利亚的比赛。

当时安东尼替补登场，在短短14分29秒的上场时间里，三分球12投10中，疯狂砍下37分，刷新美国队队史个人单场得分纪录，帮助球队156：73狂胜对手。如此惊人的砍分效率，在整个篮球历史上都是罕见的。

卡梅隆·安东尼 生涯主要荣誉

10次全明星

6次最佳阵容

1次得分王

3次奥运会冠军

2021年入选NBA75大巨星

控球至圣　克里斯·保罗

克里斯·保罗，NBA 联盟顶级控球后卫的代表，他拥有古典控卫的特点，同样具备现代控卫的全面能力，他是控球后卫的集大成者。强硬、坚忍、稳定、顶级的大局观和球商、出众的技巧与领袖力，保罗定义了控球后卫的终极形态。

——引语

约翰·斯托克顿是NBA历史上的助攻王和抢断王，克里斯·保罗则是联盟现役的助攻王和抢断王。在保罗身上，你可以看到一名顶级控卫应该具备的一切特质：他攻守俱佳，头脑聪明，有极强的好胜心，充满领导力，关键时刻能够扛起球队。

在保罗的职业生涯中，他多次打出了为人津津乐道的经典战役。在2016年12月11日，还在快船队效力的保罗对阵鹈鹕队，他仅仅出战29分钟50秒，就16投8中，贡献了20分、5个篮板、20次助攻和3次抢断，并且没有出现失误。保罗不仅得到了职业生涯首个20分+20次助攻的数据，还成为NBA历史上首位单场至少得到20分+20次助攻且没有失误的球员。

这就是保罗比赛风格的极致体现，他本身有着不俗的进攻能力，投篮高效，但在保罗的理念当中，他以传球为先，串联球队带动队友才是他的第一职责。与此同时，保罗技术精湛，基本功扎实，尽可能将失误数控制到最低。"每场比赛，我首先关注的就是失误数，我最满意的就是没有失误。"保罗说道。

在2013—2014赛季，保罗在赛季的前13场比赛中每场至少贡献10分和10次助攻，他成为联盟历史上首位能够在开季前13场比赛中均达成得分和助攻上双的球员。其中在2013年11月1日，快船队坐镇主场迎战勇士队，保罗更是大发神威，打出了职业生涯最具统治力的比赛之一，他出战37分钟，投篮20投12中，全场轰下42分、15次助攻、6次抢断。保罗凭此一战创造历史，成为联盟首位能够在单场比赛至少得到40分、15次助攻和5次抢断的球员。

保罗职业生涯共五次荣膺联盟助攻王，而跟他的传球一样厉害的还有他的抢断。保罗在2007—2008赛季和2008—2009赛季，以及从2010—2011赛季到2013—2014赛季，一共六次获得联盟抢断王的荣誉，是联盟历史上加冕抢断王次数最多的球员。另外，保罗在2010—2011赛季到2013—2014赛季连续四个赛季成为抢断王，这也是NBA的一项纪录。

时至今日，保罗依然保持着联盟连续抢断场次最多的纪录。从2007年4月14日一直到2008年12月26日，保罗在一年八个多月的时间里，每场比赛至少送出1次抢断，整整持续了108场比赛，刷新了NBA的纪录。从以上种种数据来看，把保罗称为NBA历史上最强抢断手都不为过。

2021年11月3日，太阳队112∶100逆转鹈鹕队，保罗贡献14分、7个篮板、18次助攻，保罗生涯总助攻数达到10346次，超越马克·杰克逊（10334次）和纳什（10335次），独享NBA历史助攻榜第三位，排在保罗前面的是斯托克顿（15806次）和基德（12091次）。

保罗虽然在历史助攻榜和抢断榜上没有希望追上斯托克顿，但在另一项统计上，他却压过斯托克顿一头。保罗曾在2007—2008赛季、2008—2009赛季和2013—2014赛季里三次在单赛季同时获得助攻王和抢断王的荣誉，是NBA历史上唯一做到这一点的球员，而斯托克顿在其职业生涯里只有两次包揽单赛季的助攻王和抢断王。

克里斯·保罗 生涯主要荣誉

1次全明星MVP
12次全明星
10次最佳阵容
9次最佳防守阵容
5次助攻王
6次抢断王
2次奥运会冠军
2021年入选NBA75大巨星

死神来了　凯文·杜兰特

凯文·杜兰特是 NBA 历史上最独特的球员之一。他拥有标准中锋球员的身高，但打法却像是一名后卫，早在大学时期，就被誉为"妖刀"。他的得分才华旷世罕有，关键时刻的冷酷杀伐为他赢得了"死神"的美誉。

——引语

死神来了

他是NBA历史上有名的"千年老二"——当年选秀时就被格雷格·奥登挤到榜眼位置，进入联盟后又长期笼罩在勒布朗·詹姆斯的阴影之下。但这丝毫不妨碍杜兰特的伟大。他是四届NBA得分王，"180俱乐部"成员；他曾11次入选全明星，2次当选全明星赛最有价值球员；他曾9次入选NBA年度最佳阵容，其中6次一阵、3次二阵。

他先后随雷霆队和勇士队四度杀进总决赛，并在2016—2017赛季和2017—2018赛季两次赢得NBA总冠军，并且蝉联了总决赛MVP。

他是国际赛场上的大杀器，三次代表美国队出征世锦赛和世界杯，三次赢得世界冠军。

他有个性敏感的一面，还因为2016年加盟勇士队引起了巨大争议，但他的篮球才华毋庸置疑。他在2018—2019赛季的NBA总决赛期间遭遇了跟腱断裂的毁灭性伤势，但经过一年多的漫长恢复期，如今已经满血回归。在未来的职业生涯里，还有无数辉煌和荣耀，等待他去创造！

·超级得分手

德雷蒙德·格林曾经说过：杜兰特是最好的得分手，历史第一，甚至无人能够望其项背。

这样的评价未免过于大胆，毕竟我们知道：迈克尔·乔丹是"篮球之神"，十届NBA得分王的纪录甩出其他所有人一大截；威尔特·张伯伦创造过单场100分的神迹；迄今为止，"天勾"贾巴尔仍然以绝对优势霸占着历史得分榜榜首的位置。

但格林的话也并非胡乱吹捧，因为就得分能力而言，杜兰特的确是百年一遇的奇才。

他拥有2.08米的身高和2.28米的臂展，移动起来却像是一个不到2米的后卫，他控球技术精湛，又拥有历史级别的投篮天赋，既能强冲篮下肆虐篮筐，也能在场上任何位置随时干拔出手命中。

张伯伦在他那个时代具有绝对的禁区统治力，贾巴尔的勾手被认为是最无法防守的投篮方式之一，乔丹作为得分后卫的教科书，进攻技术更是炉火纯青。但这些传奇巨星或多或少在进攻端都还存在着一些相对薄弱的环节。而杜兰特，在进攻上几乎没有弱点。

在迄今为止的职业生涯里，杜兰特场均得到27分，在整个NBA历史上高居第四。他的投篮命中率达到49.3%，三分球命中率为38.2%，罚球命中率为88.2%。

杜兰特曾经先后四次赢得NBA得分王，在整个NBA历史上仅少于乔丹和张伯伦。他还是八位曾经连续三年拿到得分王的球员之一，也是NBA历史上最年轻的得分王。

2022年4月3日，篮网队客场惜败老鹰队，全场比赛杜兰特，28投19中，三分10中8，罚球11中9，拿下55分、7个篮板、3次助攻。杜兰特砍下5分创造了个人单场得分纪录，此前他的单场得分纪录为54分。

本场比赛是杜兰特本赛季第3次砍下50+，而本赛季是杜兰特生涯的第14个赛季（除去因伤报销的2019—2020赛季）。至此，杜兰特成为NBA历史上首位在生涯第13个赛季后（包括第13个赛季）能够单赛季3次砍下50+的球员。

·中距离杀神

在以斯蒂芬·库里为代表的超级射手的影响下，NBA在过去几年时间里发生了翻天覆地的变化，篮球不再以乔丹式的中距离急停跳投和背身转身后仰跳投为主旋律，而是以简单的数学计算为导引，走上了"魔球"的道路——要么直接选择三分，要么尽可能在靠近篮筐的位置出手。

从理论层面上来看，所谓"魔球"是说得通的，一些球队——比如哈登时期的火箭队，也凭借这一哲学取得了成功，使得联盟中其他精英球队纷纷仿效。然而，有一个人却一直在逆潮流而动。这个家喻户晓的名字一次又一次地证明，练好中距离跳投，同样能够获得巨大收益，他就是凯文·杜兰特。

在效力勇士队的几个赛季里，当两位全明星队友不断在三分线外兴风作浪时，杜兰特也在"反魔球区"得吃得喝。这使得三位历史级别的神射手能够同时发挥，也铸就了两夺总冠军的辉煌。如果不是因为伤病，很难想象有哪支球队能够击败那支勇士队。

杜兰特有足够的能力在三分线外远程制导，而且当他想要运球突破时，对禁区的杀伤力也不次于任何人。他拥有同等身高的球员中罕见的速度、敏捷和柔韧性，同时还有丝绸般柔顺的手感，这使得他做起这一切来都轻而易举。正因如此，杜兰特知道当对手封堵内线并拼命追逐那些外线射手时，他该去哪里谋生。

根据NBA官网的统计，在杜兰特遭遇跟腱断裂重伤前的2018—2019赛季，全联盟总共只有5名球员场均至少选择5次中距离出手，其中杜兰特55.1%的命中率高居第一，最接近他的是科怀·伦纳德，命中率只有45.9%。

再往前推一年到2017—2018赛季，当时的魔球化趋势看起来还没那么严重——联盟中有16名球员场均中距离出手5次以上，杜兰特49.4%的命中率同样高居第一。

看杜兰特的中距离投篮，就像是在欣赏一门艺术，无论是反复变向后的急停干拔，还是背身单吃对位防守人后的翻身后仰，在他做来都是如此柔顺自然，富有韵律之美。他真不愧是反潮流的进攻大师、中距离杀神。

·大场面之王

杜兰特不仅拥有得天独厚的身体条件、出类拔萃的篮球技术，同时还有一颗强健的大心脏，使得他在重要的比赛、关键的时刻，表现比平时更加出色。

杜兰特在常规赛的表现已经足够出色，而他在季后赛以及总决赛舞台上的发挥则更加惊人。杜兰特生涯常规赛场均得分27分，季后赛场均得分提升到29分，总决赛场均得分更高达30分！

在迄今为止的职业生涯里，杜兰特总共参加过10次季后赛，其中有9次场均得分至少在28分以上，5次场均得分领先全联盟。而且每每到了生死时刻，杜兰特更能展现他的"死神"本色。

2016—2017赛季总决赛第三场打到最后一分钟，勇士队还以111：113落后骑士队2分，终场前45.3秒，杜兰特在快攻反击中面对詹姆斯的防守急停干拔三分命中，帮助勇士队完成反超，并最终赢得比赛胜利。

2017—2018赛季总决赛第三场，杜兰特时隔一年将同样的动作重演了一遍。这一次，他在终场前49.8秒的转换三分命中，将场上分差扩大到6分，直接杀死了比赛。

这只是杜兰特作为一名"关键先生"的两个代表作，在他的职业生涯里，生死时刻一击致命的表现，简直不胜枚举。

凯文·杜兰特 生涯主要荣誉

2次总冠军

1次常规赛MVP

2次总决赛MVP

2次全明星MVP

12次全明星

9次最佳阵容

4次得分王

1次最佳新秀

3次奥运会冠军

2021年入选NBA75大巨星

梦回巅峰　德里克·罗斯

NBA 漫漫历史长河中，极少有球员经历过德里克·罗斯这样的大喜大悲，他 22 岁成为联盟历史上最年轻的常规赛 MVP，前途不可限量，却在最好的年纪遭遇连续的重伤轰然倒下。在生涯的黄金时期，本该纵横赛场的罗斯却提前过上了颠沛流离、放下身段打替补的日子。

但伤病只能摧残罗斯的身体，却不能消磨他的意志。

——引语

2018—2019赛季，30岁的罗斯已不再年轻，他委身于森林狼队，扮演着替补角色，在外人看来，罗斯或许会就这样蹉跎完自己生涯最后几年的时光。但罗斯的信念是"我命由我不由天"，他一直在等待着一个再度证明自己、玫瑰重新绽放的机会。

2018年11月1日，这个机会终于来了，由于吉米·巴特勒和杰夫·蒂格双双缺阵，罗斯获得了赛季首次先发资格，对阵的是以防守强硬著称的爵士队。结果在这场比赛中，罗斯积蓄已久的能量彻底爆发，他一次次用突破撕碎爵士队的防线，挑战最佳防守球员和盖帽王鲁迪·戈贝尔。整场比赛，罗斯完成了34次突破，在当时是近两个赛季的一个纪录。很难想象，一个伤痕累累的老将竟然能打出这样的表现，这一切只因为罗斯有一颗强大而又渴望胜利的心。

随着比赛的进行，两队比分紧咬，不分伯仲。罗斯在第四节连续砍分，维系着森林狼队赢球的希望。终场前54.6秒，森林狼队落后1分，罗斯左手突破，杀入内线，一个假动作晃飞戈贝尔，上篮得手。过了20多秒，又是罗斯挺身而出，他再次突破到篮下，这次是面对埃克萨姆和戈贝尔两人的防守，罗斯转身高难度抛投出手，再度将球打进。终场前13.8秒，罗斯被犯规，他稳稳地两罚全中，回到防守端，罗斯奋力盖掉了埃克萨姆的三分球，扼杀了对手最后的一丝希望。

罗斯最终出战40分钟51秒，31投19中，三分球7投4中，罚球11

中8，砍下50分，创造了职业生涯的得分纪录。罗斯在下半场得到了34分，决胜的第四节攻下15分，最后时刻用完美的攻防表现锁定了胜局。

在单场50分之前，罗斯生涯最高分是42分，是在他夺得MVP的2010—2011赛季创造的。当时的罗斯不会想到，他从42分跨越到50分，竟然足足等待了七年多的时间。而在这七年多的时间里，罗斯经历了常人难以承受的伤痛、苦难、孤独和人生起伏，其中的五味杂陈只有他自己最清楚。

比赛结束后的采访中，无法抑制住情绪的罗斯热泪盈眶，泣不成声。"这对我而言意味着一切，让我卸下了身上的负担。"罗斯说道，"我没日没夜地训练，没有球队和球迷的支持，我是不可能完成这个壮举的。"

历尽千难，不坠青云之志；踏遍万险，不移白首之心。只有了解罗斯、知道他人生故事的球迷，才会明白罗斯这场50分的表现是多么难得，其带来的震撼、神奇和感动，不亚于NBA历史上任何一次伟大的演出。

德里克·罗斯 生涯主要荣誉

1次常规赛MVP

3次全明星

1次最佳阵容

1次最佳新秀

三双之王　拉塞尔·威斯布鲁克

> 江山代有才人出，长江后浪推前浪。当奥斯卡·罗伯特森
> 创造了一系列看似无法打破的三双纪录后，在50多年后，拉塞
> 尔·威斯布鲁克几乎是一一将其打破。
>
> ——引语

威斯布鲁克攫取三双速度最疯狂的赛季是2016—2017赛季，他这个赛季场均能够得到31.6分、10.7个篮板和10.4次助攻，成为历史上第二位赛季场均三双的球员，比肩罗伯特森。而且在这个赛季里，威斯布鲁克一共在42场比赛中拿下三双，他超越罗伯特森，创造了NBA历史上单赛季得到三双场次最多的纪录。

在2017年3月30日，威斯布鲁克在对阵魔术队的比赛中狂砍57分、13个篮板和11次助攻，这是NBA历史上得分第二高的三双数据。另外在2016年10月29日和2017年4月10日，威斯布鲁克还两次完成至少得到50分并达成三双，他单赛季三次取下50+三双，这是NBA历史上新的纪录。在2017年3月27日到4月3日，威斯布鲁克连续五场比赛至少得到30分并完成三双，创造NBA纪录。在五场比赛里，威斯布鲁克场均41分、13个篮板和11.2次助攻，他是历史上唯一能打出如此表现的球员。

还是在2016—2017赛季，威斯布鲁克4次至少得到45分并达成三双，8次至少得到40分外加三双，16次至少砍下35分、10个篮板和10次助攻，这些都是NBA新的纪录。

2017—2018赛季，威斯布鲁克再接再厉，他交出了场均25.4分、10.1个篮板和10.3次助攻，连续第二个赛季场均三双。威斯布鲁克再次超越了罗伯特森，成为NBA历史上唯一能连续两个赛季打出场均三双的球员。威斯布鲁克的传奇还在继续，在2018—2019赛季，他场均22.9分、11.1个篮板和10.7次助攻，连续第三个赛季达

成场均三双的成就，巩固了自己在这项纪录上第一人的位置。

在2019年1月23日到2月15日，威斯布鲁克竟然连续11场比赛送出三双，他超越了威尔特·张伯伦、奥斯卡·罗伯特森和迈克尔·乔丹等人，创造了新的连续得到三双场次最长的纪录。在2019年4月3日，威斯布鲁克在雷霆队与湖人队的比赛中得到20分、20个篮板和21次助攻，成为继1968年的威尔特·张伯伦后第二位打出"20+20+20"数据的球员。

威斯布鲁克在2019—2020赛季离开雷霆队加盟火箭队，他的赛季场均三双纪录才宣告终结。威斯布鲁克在2014—2015赛季到2018—2019赛季连续五个赛季单赛季至少得到10次三双，而在2020—2021赛季，他再次得到10次以上的三双，生涯有六个赛季至少送出10次三双，追平罗伯特森，并列历史第二，仅次于"魔术师"约翰逊。

在2020年1月21日，已经加盟火箭队的威斯布鲁克在对阵老东家雷霆队的比赛中得到三双，他成为继詹姆斯之后第二位达成三双全满贯的球员，即对联盟30支球队都拿到过三双。

随着时间的推移，威斯布鲁克生涯三双场次快速递增，他在历史三双次数榜的位次也是节节攀升。作为一名后来者，威斯布鲁克已经超越了一众前辈，2021年5月11日，威斯布鲁克拿到生涯第182次三双，超越罗伯特森独享联盟历史第一。截至2021—2022常规赛结束，威斯布鲁克生涯的三双数已经达到了194次。

威斯布鲁克职业生涯总得分已经突破23000分大关，篮板数超过7500个，助攻数超过8600次，他成为继罗伯特森和詹姆斯后第三位生涯数据达到23000分、7000个篮板、8000次助攻的球员。而且，威斯布鲁克现在还处于巅峰期的尾巴，他还有足够多的机会继续打出三双，将更多的三双纪录收入自己的囊中。

拉塞尔·威斯布鲁克 生涯主要荣誉

1次常规赛MVP

2次全明星MVP

9次全明星

9次最佳阵容

2次得分王

3次助攻王

1次奥运会冠军

2021年入选NBA75大巨星

最年轻的三双先生

威斯布鲁克被称为"三双之王"，他包揽了众多三双纪录，但是有一项三双纪录威斯布鲁克已经无法打破，那就是——最年轻三双先生。

2022年1月3日，雷霆队不敌独行侠队的比赛中，雷霆队新秀约什·吉迪出战36分钟，16投7中，三分球5投3中，砍下17分、13个篮板、14次助攻、4次抢断。19岁85天，吉迪超越拉梅洛·鲍尔（19岁140天）成为历史最年轻的三双先生！

2月13日，约什·吉迪再度创造历史，在雷霆队与公牛队的比赛中，吉迪得到了11分、12个篮板、10次助攻的三双数据。19岁126天的吉迪成为NBA历史上第二年轻的三双先生。同时，他包揽了NBA历史最年轻和第二年轻的三双纪录。

2002年10月10日出生的约什·吉迪是2021年六号新秀，他的优势在于有着良好的传球视野，能够利用节奏和速度的变化摆脱防守人。进入NBA之前在澳大利亚打球，被誉为是"澳大利亚魔术师""澳大利亚东契奇"。巧合的是，吉迪打破最年轻三双纪录面对的球队正是东契奇所在的独行侠。

历史最年轻三双纪录前6位		
1	约什·吉迪	19岁85天
2	约什·吉迪	19岁126天
3	拉梅洛·鲍尔	19岁140天
4	马克尔·富尔茨	19岁317天
5	卢卡·东契奇	19岁327天
6	朗佐·鲍尔	20岁15天

三分之神　斯蒂芬·库里

在漫漫 NBA 历史长河之中，璀璨的明星不胜枚举，但真正起到开创性作用的人物却屈指可数。

斯蒂芬·库里，一个身体天赋平平，仅以投篮闻名的小个子，却成为潮流引领者，定义了现代篮球，使得三分球这项从 1979—1980 赛季才开始在 NBA 赛场上出现的技术手段，成为当今联盟最重要的攻击武器。

——引语

在库里之前，没有人相信投篮可以赢得总冠军。但现在他已经通过实际行动将"不可能"变成了"可能"——他不仅用投篮为勇士队赢得了总冠军，而且一赢就是三次！从这个角度而言，他不光是一名开创者，还是一名颠覆者。

三分球是库里最杀人的武器，但库里绝不仅仅只是一名三分射手，他还是NBA历史上控球技术最娴熟的球员之一，突破到篮下的终结能力也是一绝。这不仅丰富了他的进攻区间，同时也让他的外线投射更加难以防范，使他成为全联盟顶尖的得分手。

在巅峰的2015—2016赛季，库里以场均30.1分的表现拿到联盟得分王头衔，也是NBA有史以来第一位在场均出场时间不到35分钟的情况下，场均得分超过30分的球员。

库里还是NBA历史上罚球最准的球员。在库里的职业生涯中，有9个赛季的罚球命中率超过90%。他的生涯罚球命中率高达90.8%，压倒两位传奇射手史蒂夫·纳什和马克·普莱斯，高居历史第一。

库里个性谦和，从来没有任何负面新闻，不仅是一名优质偶像，还是一名完美的球队领袖。由他领导的勇士队，是整个NBA队内气氛最好的球队之一，这也帮助他们连续五年杀进总决赛，三夺总冠军，成就了NBA最近的一支王朝球队。

库里或许永远都不会进入历史上最伟大球员的讨论名单，但他对这项运动所产生的影响和做出的贡献，绝不亚于乔丹、张伯伦这些位于金字塔最顶端的篮球神明。

·0 分变 33 分完美救赎

都说季后赛是检验超级巨星成色的最佳标尺，而斯蒂芬·库里就是通过了季后赛的锤炼，成为真正的历史级别球员。库里以核心身份率领勇士队三夺总冠军，其间大大小小打了不少经典战役，其中自然要包括2018—2019赛季季后赛西部半决赛第六场他在上半场一分未得的情况下，下半场狂砍33分，上演王者归来，实现完美救赎。

这场比赛发生在2019年5月11日，勇士队迎战的是詹姆斯·哈登和克里斯·保罗领衔的火箭队，这两个队是老冤家了，在2017—2018赛季西部决赛中，勇士队苦战七场才惊险淘汰火箭队。比赛开始前，勇士队虽然总比分3∶2领先，提前拿到晋级赛点，但球队因伤失去了凯文·杜兰特和德马库斯·考辛斯两大主力。勇士队需要尽快终结系列赛，免得夜长梦多，但第六场他们是客场作战，面对全副武装的火箭队，取胜的难度可想而知。

果然在上半场库里就遭遇到了严峻的挑战，首节还未过半，他就吃到了两次犯规，被迫下场休息。半场还剩5分44秒，库里被吹进攻犯规，不得不再度回到板凳席。过早陷入犯规麻烦影响到了库里的心态，他5次投篮全部失准，也没有获得罚球机会，半场竟然一分未得，这还是他季后赛生涯的第一次。

就在人们为库里的状态和勇士队的前景感到担忧时，库里经过半场休息重回赛场，状态强势复苏。在火箭队第三节发力试图拉开比分时，库里单节取下10分，率领勇士队咬住比分。而进入第四节，比赛彻底成了库里表演的舞台。

末节刚开始，库里就持球单打保罗，过掉对手后突入篮下取分。随后，库里借助掩护，迎着身高臂长的克林特·卡佩拉飙中超远三分。库里进入攻击模式，单打埃里克·戈登和塔克。在比赛最后3分09秒，库里利用三分球和罚球，狂砍16分，亲手送火箭队出局。

库里第四节轰下23分，创个人季后赛生涯单节新高，而整个下半场，他狂揽33分，这是NBA季后赛历史上下半场得分第二高的纪录。何为超级巨星，库里用令人瞠目结舌的球场表现做出最好的诠释。

· 全票 MVP

NBA常规赛MVP是球员个人的最高荣誉，联盟历史上只有14位球员能够至少两次获此殊荣，斯蒂芬·库里就榜上有名，他在2014—2015赛季和2015—2016赛季两度斩获MVP奖杯。其中，库里2015—2016赛季的MVP奖项尤其值得说道，因为他得到了所有的第一选票，满分当选，他由此成为历史上首位全票MVP。

常规赛MVP由NBA媒体记者评选而出，不同的记者有各自的评判标准和支持的球员，因此很难达成完全的一致。强如迈克尔·乔丹、勒布朗·詹姆斯和沙奎尔·奥尼尔，他们在巅峰赛季都不曾在MVP评选中获得满分。那么2015—2016赛季的库里到底做了什么，才能够创造这项空前的纪录呢？

首先是库里的个人表现堪称无可挑剔，他场均出战34.2分钟，轰下30.1分、5.4个篮板、6.7次助攻和2.1次抢断，成为联盟得分王和抢断王，他是继迈克尔·乔丹和阿伦·艾弗森之后第三位单赛季包揽得分王和抢断王的球员。而且，库里的进攻效率相当惊人，投篮、三分球和罚球命中率分别达到了50.4%、45.4%和90.8%。整个赛季，库里一共投进了402个三分球，创造NBA纪录，他是历史上唯一单赛季三分球命中数突破300个和400个的球员。

团队战绩是竞争MVP的另一项重要考量标准。在2015—2016赛季，库里率领勇士队打出了疯狂的表现，他们豪取开季24连胜，最终以73胜9负的战绩打破了公牛队在1995—1996赛季创造的72胜纪录，创造了新的常规赛历史最佳战绩。

实际上，自从勇士队以创纪录的24胜0负开局以来，库里就一直是蝉联MVP的热门选择。完美的个人发挥和勇士队历史第一的常规赛战绩，让库里在MVP评选中处于遥遥领先的位置，他成为历史上绝无仅有的全票MVP，却又显得那么理所应当和实至名归。

库里是自1966—1967赛季的里克·巴里之后第一位拿到联盟得分王的勇士队球员，也是继巴里和张伯伦之后勇士队史第三位赛季场均得分超过30分的球员。另外，他还是1991—1992赛季的乔丹之后第一位赛季场均得分超过30分，同时命中率不低于50%的球员。

这个赛季，库里总共打出了40场30+得分、13场40+得分，以及3场50+得分的表现，全部为联盟最高。

另外，就在颁奖前夜，库里刚刚率领勇士队逆转击败开拓者队，他个人在比赛的加时赛独得17分，创造了又一项NBA历史纪录。

斯蒂芬·库里 全票MVP赛季数据纪录

单场最高得分：**53分**

得分50+场次：**3场**

得分40+场次：**13场**

得分30+场次：**40场**

单场最高篮板：**14个**

单场最高助攻：**15次**

单场最高抢断：**5次**

单场最高三分出手：**19次**

单场最高三分命中：**12次**

三双次数：**2次**

两双次数：**15次**

· 史诗射手

2021年12月15日，勇士队105：96客场击败尼克斯队，比赛首节，库里命中两个三分球后，他的生涯三分球命中总数为2974个，正式超越雷·阿伦（2973个），独享NBA三分球命中数榜单历史第一！

全场比赛，库里19投8中，三分球14中5，拿到22分，生涯三分球总命中数达到2977个，距离命中3000个三分球仅差23个。

12月29日，勇士队主场迎战掘金队，本场比赛，库里命中5个三分球，生涯三分球命中数达到3004个，他成为NBA历史上第一位命中3000个三分球的球员！

库里并不是第一个靠投篮在NBA扬名立万的球员，甚至也不是第一位三分球专家，但是，在库里之前，从来没有一名球员能够像他那样，几乎可以在任何时间，从任何地点，以任何方式起手投篮，而且还能保持如此高的命中率。

比如霸占NBA历史三分命中率榜榜首位置的科尔——他刚好是库里的教练，虽然生涯三分命中率高达45.4%，但场均三分出手数却只有区区1.8次。除此之外，在这份排行榜上排名前十的休伯特·戴维斯、德拉赞·彼德洛维奇、杰森·卡波诺，场均三分出手也都只有2次左右，差不多只相当于库里的四分之一。

你能想象NBA历史上最有效率的射手一场只投两个三分吗？绝无可能！而你之所以会这么觉得，正是因为库里改变了这项运动。

库里曾连续五年在三分球出手数和命中数两项统计上位列联盟第一，并且将单赛季三分命中数的纪录大幅刷新——从2012—2013赛季的272球，到2014—2015赛季的286球，再到2015—2016赛季的402球，在联盟中掀起了一股三分狂潮。

在库里的影响下，一大批神射手开始如雨后春笋一般出现在NBA的赛场上。比如塞斯·库里（库里的亲弟弟）、邓肯·罗宾逊、乔·哈里斯，产量相较他们的前辈已经有了大幅提升，但也仍然未能突破"定点射手"的特定角色。

只有库里，不仅高产，而且高效，成功将三分球变作一支球队的核心攻击武器，而非辅助工具，并收获了完美的场上效果。因为库里的影响，在如今的NBA赛场上，不会投三分的球员已经凤毛麟角，哪怕你是一名中锋。

斯蒂芬·库里，这位在职业生涯刚刚过半时便已是获得公认的NBA历史第一射手，几乎垄断了你能想到的有关三分球的所有纪录。更可怕的是，他仍然处于职业生涯的巅峰期，也随时可能刷新自己亲手创下的这一系列曾几何时人们想都不敢想的神奇纪录。

斯蒂芬·库里 职业生涯三分纪录

单场三分命中数	**13球**	（NBA历史第二）
单赛季三分命中数	**402球**	（NBA历史第一）
单赛季三分出手数	**886球**	（NBA历史第二）
连续命中三分场次	**189场**	（NBA历史第一）
单赛季连续命中三分场次	**79场**	（NBA历史第一）

赢得联盟三分王次数	**7次**（NBA历史第一）
职业生涯三分命中数	**3117球**（NBA历史第二）
职业生涯三分出手数	**7290球**（NBA历史第二）
单次季后赛三分命中数	**98球**（NBA历史第一）
季后赛连续命中三分场次	**112场**（NBA历史第一）
季后赛三分命中总数	**470球**（NBA历史第一）
总决赛单场三分命中数	**9球**（NBA历史第一）
单次总决赛三分命中总数	**32球**（NBA历史第一）
单次总决赛三分出手总数	**80球**（NBA历史第一）
总决赛生涯三分命中总数	**105球**（NBA历史第一）

· 天生赢家

　　库里不仅是一名伟大的射手，还是一名天生的赢家，而他作为一名射手的伟大之处，恰恰在于他利用自己的投篮成为一名赢家。

　　库里在他职业生涯的第四个赛季里首次打进季后赛，仅仅两年之后，他就赢得了人生中第一座NBA总冠军奖杯。

　　2014—2015赛季对库里，对勇士队，乃至对整个NBA联盟来说，都是一个重要的转折。这一年，库里率领球队打出67胜15负的战绩，拿到常规赛第一，并刷新队史纪录。他个人也凭借场均23.8分、4.3个篮板、7.7次助攻、2.0次抢断的表现，击败詹姆斯·哈登，职业生涯首次当选MVP。

　　不仅如此，这一年的勇士队，季后赛先后击败鹈鹕队、灰熊队、火箭队，与勒布朗·詹姆斯领军的骑士队会师总决赛，最终以4∶2的总比分击败对手，赢得总冠军。

　　接下来的2015—2016赛季，勇士队更是一路高奏凯歌，以73胜9负的表现打破了由公牛队保持的NBA历史最佳战绩纪录。库里的个人表现也达到生涯巅峰，以场均30.1分、5.4个篮板、6.7次助攻、2.1次抢断的表现，全票蝉联MVP。

虽然那一年的总决赛勇士队在3∶1领先的情况下被骑士队逆转，但这也为他们在接下来的休赛期签下凯文·杜兰特提供了契机。杜兰特加盟之后，勇士队组建起了一支由四位正值当打之年的全明星球员组成的超级球队，又接连三年打进总决赛，两夺总冠军。

从2014年到2019年，勇士队五年时间里总共取得了322胜88负的常规赛战绩，胜率高达78.5%，在整个NBA历史上，这是同一支球队在五年时间里所取得过的最佳战绩。

在此期间，库里于2014—2015赛季和2015—2016赛季两次当选常规赛MVP，他也因此成为NBA历史上第11位蝉联MVP的球员。在库里之前，最近一位蝉联常规赛MVP的球员是2011—2012赛季和2012—2013赛季的詹姆斯。库里还是勇士队历史上第二位至少两次拿到MVP的球员，此前只有张伯伦做到过。

2016—2017赛季季后赛，库里率领勇士队以16胜1负的傲人表现赢得总冠军，这也创造了NBA有史以来一支球队在单次季后赛之旅中所取得的最佳战绩。

斯蒂芬·库里 生涯主要荣誉

- 3次总冠军
- 2次常规赛MVP
- 1次全明星MVP
- 7次全明星
- 7次最佳阵容
- 2次得分王
- 1次抢断王
- 2021年入选NBA75大巨星

登峰造极　詹姆斯·哈登

他司职得分后卫，却可以掌控全队荣膺助攻王；他组织能力突出，却仍能霸占得分榜——这就是詹姆斯·哈登。哈登集个人进攻与组织全队于一身，他是篮球全新时代下，全能进攻的代表人物。

——引语

·神迹之夜

詹姆斯·哈登在弧顶位置运球，魔术队前锋、2015年五号秀马里奥·海佐尼亚留出一小步的防守空间，他不敢贴防太近，怕被哈登过掉。但就是这一小步，触动了神迹诞生的开关。

哈登连续胯下运球，突然后撤步出手，海佐尼亚防守反应很快，奋力扑了上去，但并未能阻止哈登将球投出。裁判哨响吹罚海佐尼亚犯规，就在鸣哨的同时，球破网而入，三分球命中还要加罚。

直播镜头转向解说席的火箭队名宿凯尔文·墨菲，墨菲正起立鼓掌欢呼，哈登凭借这记三分，打破了墨菲保持的火箭队队史单场得分纪录。随着哈登加罚命中，本场得分来到60分，火箭队队史首个60+诞生。

然而，哈登这一场可不仅仅只有60分，他还贡献了10个篮板、11次助攻，另外还有4次抢断、1次盖帽，这是NBA历史上首次也是迄今为止仅有的一次60分三双。火箭队这场比赛因伤缺少了克里斯·保罗与特雷沃·阿里扎，埃里克·戈登只打了10分钟就伤退，哈登单枪匹马以不可思议的表现带队以114∶107取得胜利。

这一天是2018年1月30日，哈登创造历史的日子。"感觉很棒。"哈登说，"我直到比赛结束才知道数据纪录的事情。我上场时渴望做到的就是努力在方方面面给球队带去帮助，无论是得分、篮板、助攻还是抢断。"

得分大师，三双先生，全能战士，哈登的比赛拥有着闪光的符号，他是基石级的巨星，是自带体系的核心，登峰造极，非同凡响。

· 得分大师

哈登是当今篮球世界顶尖的得分手，他在2017—2018赛季至2019—2020赛季三连得分王。1996年至2020年期间，只有三名球员做到连续三个赛季称霸得分榜，分别是迈克尔·乔丹、凯文·杜兰特与詹姆斯·哈登。

高得分是哈登的标签，他已经在NBA赛场4次拿到60+，与迈克尔·乔丹并列联盟历史60+场次榜第三位，仅次于威尔特·张伯伦与科比·布莱恩特，是现役球员60+场次之王。

在50+场次方面，哈登已有23场，该项数据在NBA历史上排名第四，排在他前面的只有张伯伦、乔丹与科比。现役球员中50+场次最接近哈登的是勒布朗·詹姆斯，詹姆斯50+场次是14场，比哈登少9场。

哈登NBA生涯101场打出40+，也是仅次于张伯伦、乔丹与科比，位列历史第四，现役球员中除了哈登无人40+场次超过70场，詹姆斯40+场次排在现役球员第二位，数据是69场。

哈登不但有高得分的爆发力，也有持续高分的续航力。2018年12月13日至2019年2月21日，哈登连续32场比赛得分30+，这项数据在NBA历史上仅落后于张伯伦，现役球员最接近哈登的是杜兰特，杜兰特是连续12场得分30+。哈登在2018年12月25日至2019年1月3日连续5场40+，他还有5次连续两场50+，都是现役第一。

在火箭队队史中，哈登拥有多项与得分相关的纪录，他的场均得分（29.6分）、三分球命中数（2029）、罚球命中数（5554），60+场次（4场）、50+场次（23场）、40+场次（98场）、30+场次（289场）都是队史第一，总得分（18365分）队史第二。

· 三双杀神

哈登NBA生涯69次打出三双，排在NBA历史三双榜第八位，现役球员第四位，仅次于威斯布鲁克、詹姆斯和约基奇。哈登是NBA历史上唯一打出得分60+三双的球员，4次打出背靠背40+三双（连续两场比赛40+三双），现役第一。

哈登是唯一做到上场时间低于30分钟却能实现得分40+三双的球员，他在2019年1月11日火箭队击败骑士队一战中登场29分钟34秒，轰下43分、10个篮板、12次助攻。2016年12月31日，哈登在火箭队击败尼克斯队的比赛中交出了53分、16个篮板、17次助攻的三双成绩单，成为NBA历史上唯一打出"50+15+15"三双的球员。

在2016—2017赛季，哈登两次打出得分50+三双，他还在2018—2019赛季两次获得得分50+三双。NBA历史上只有哈登与威斯布鲁克做到单赛季两次得分50+三双。

之所以能够在多项三双数据上位于历史前列，是因为哈登的全能。在2016—2017赛季，哈登总计得到2356分、659个篮板、907次助攻，在NBA历史上只有他做到单赛季得分2000+、篮板600+、助攻900+。

哈登是能够靠个人能力支撑起全队进攻的巨星，可以根据球队需要，在得分手与组织者之间自如切换。在NBA历史上，只有两名球员做到单场比赛个人得分加助攻得分达到90分，这两人是张伯伦与哈登。在2016年12月31日火箭队129：122战胜尼克斯队的比赛中，哈登砍下53分、16个篮板、17次助攻，个人获得53分，17次助攻帮助队友拿到43分，相加达到96分，占全队得分的74%。

· 魔球狂人

哈登在火箭队效力期间打的是魔球体系，所谓魔球是指减少中投，将进攻的主要方式设定在攻击禁区和远投上，主要数据体现的是罚球与三分球。

哈登是制造罚球的绝顶高手，NBA生涯7次称霸赛季罚球榜，其中2014—2015赛季至2019—2020赛季实现了六连霸。哈登7次单赛季罚球数突破700个大关，现役球员中除哈登之外，无人能做到超过5个赛季罚球数700+，最接近哈登的是德怀特·霍华德，"魔兽"是5个赛季罚球700+。

罚球多，罚球还准，哈登在2014—2015赛季至2019—2020赛季都是罚球命中数最多的球员。哈登NBA生涯有7个赛季罚球命中数达到600+，NBA历史第二，仅次于奥斯卡·罗伯特森（8次），现役球员中该项数据距离哈登最近的是杜兰特，杜兰特有3个赛季罚球命中数600+。

作为魔球体系的完美执行者，哈登的三分球同样犀利，他在2017—2018赛季至2019—2020赛季实现了三分球出手与命中数三连霸。哈登是NBA历史上唯一4个赛季三分球投篮达到700+的球员，哈登有6个赛季三分球命中数200+，在NBA历史上仅次于斯蒂芬·库里(9个赛季)与克莱·汤普森（7个赛季）。

将罚球与三分球结合在一起，哈登历史第一。哈登共有6个赛季罚球出手700+并且三分球命中数200+，历史头名，没有其他球员能够做到至少两个赛季罚球出手700+且三分球命中数200+。

詹姆斯·哈登 生涯主要荣誉

1次常规赛MVP

10次全明星

7次最佳阵容

3次得分王

1次助攻王

1次奥运会冠军

2021年入选NBA75大巨星

希腊神话　扬尼斯·阿德托昆博

在勒布朗·詹姆斯退役之后，谁将成为下一个统治联盟的球员？在扬尼斯·阿德托昆博出现之前，没有人会想到可能会是一个来自欧洲，13 岁才开始接触篮球的贫寒子弟。

阿德托昆博可能是篮球运动历史上身体天赋最出色的球员之一，但从小时候吃了上顿没下顿的艰苦环境中一步一步走到今天，成为举世瞩目的超级明星，他的经历，仍然宛如一段神话。其中，少不了他的努力与坚持。

——引语

希腊神话

阿德托昆博1994年出生于希腊，作为非法移民的孩子，一直到18岁之前，他都没有希腊国籍，也无法出国旅行。这种状况一直持续到了2013年5月9日，此时距离他被NBA选中，只有不到两个月的时间。

阿德托昆博的父母为了过上更好的生活，离开尼日利亚，但因为没有合法身份，父亲查尔斯只能靠打零工维持生计，一家六口被迫挤在一间两居室的公寓里，艰难度日。为了贴补家用，阿德托昆博从小就和哥哥萨纳西斯一起在街上兜售手表、太阳镜、钥匙扣等小玩意贴补家用。

阿德托昆博2007年才开始接触篮球，短短6年之后，他就打进了NBA，因为名字太长且十分拗口，很多人都无法正确发音，因此他一度被称作"字母哥"（The Alphabet）。

当时人们一定不会想到，这个他们连名字都叫不对的外国人，日后会统治NBA。

· 希腊怪兽

"希腊怪兽"（Greek Freak）是阿德托昆博的另外一个绰号，用来形容他罕见、惊人的运动能力，和娴熟的运球技巧。

这头"怪兽"很快证明，他学习的速度也远超常人。在进入联盟的第四年，阿德托昆博在所有五项主要数据统计上均领先全队，并成为NBA历史上第一位单赛季总得分、篮板、助攻、抢断和封盖都排在联盟前20位的球员。这一年，他生涯首次入选全明星，并荣膺NBA最快进步球员奖。

但这仅仅只是一个开始，阿德托昆博在2018—2019赛季带领雄鹿队拿到常规赛冠军，赢得了个人的第一座常规赛最有价值球员奖杯。一年之后，他又成功蝉联了这一大奖，与"天勾"贾巴尔、勒布朗·詹姆斯成为NBA历史上仅有的三位在26岁之前就两夺MVP的球员。这个赛季，他31.9的PER效率值，创下NBA历史纪录。

除了MVP之外，"字母哥"还在2019—2020赛季当选NBA年度最佳防守球员，这让他成为继迈克尔·乔丹和"大梦"奥拉朱旺之后，第三位在同一个赛季赢得这两项大奖的球员。

可以说，阿德托昆博在25岁的年纪，就已经赢得了常规赛所能赢得的一切。接下来他只剩下一个目标，那就是总冠军。

· 叫我总冠军

阿德托昆博的冠军之旅，并非一片坦途。当他在2018—2019、2019—2020连续两个赛季带队拿到常规赛冠军，并当选常规赛MVP时，所有人都期待他能为密尔沃基赢得一座总冠军。然而他却一再折戟沉沙，在季后赛遭遇挫败。

2018—2019赛季，雄鹿队作为冠军热门，在东部决赛2∶0领先的情况下，被猛龙队连扳四场，淘汰出局。那轮系列赛，阿德托昆博受困于对手的针对性防守，进攻表现失常，成为雄鹿队失败的一个关键原因。

一年之后，雄鹿再次向总冠军发起冲刺，却没想到第二轮就输给热火队。阿德托昆博在系列赛第四战脚踝受伤提前退出争夺，让这场对决很快失去了悬念。连续的失败，让外界纷纷猜测阿德托昆博会不会为了夺冠而离开雄鹿队，但他却排除各方干扰，毅然选择了坚守。

到了2020—2021赛季，阿德托昆博的耐心坚守终于收到回报，在他出色表现的带领下，雄鹿队一路淘汰热火队、篮网队、老鹰队，最终在总决赛4：2战胜太阳队，赢得了个人首个总冠军，同时这也是雄鹿队时隔50年后的第二个总冠军。

在与太阳队的系列赛中，阿德托昆博场均得到35.2分、13.2个篮板、5次助攻、1.2次抢断、1.8次盖帽，命中率61.8%，毫无悬念地当选总决赛MVP。他成为乔丹之外，唯一多次赢下常规赛MVP，同时还拥有最佳防守球员和FMVP奖杯的球员。NBA从此进入了一个属于他的全新时代。

扬尼斯·阿德托昆博生涯主要荣誉

1次总冠军

2次常规赛MVP

1次总决赛MVP

1次全明星MVP

1次最佳防守球员

6次全明星

5次最佳阵容

4次最佳防守阵容

2021年入选NBA75大巨星

内线神射　凯文·乐福

凯文·乐福身体强壮，内外线技术俱佳，同时，又拥有极高的篮球智商和篮板天赋。乐福能投三分球，又能有低位进攻能力。他曾单场比赛狂砍 31 分、31 个篮板，也曾上演单节 34 分的旷古神迹。凯文·乐福是现代篮球体系下全能型内线的代表。

——引语

自21世纪以来，只有四名球员打出过单节30+得分，分别是科比·布莱恩特、卡梅隆·安东尼、克莱·汤普森和凯文·乐福，其中最近的一次就是乐福在2016年11月24日骑士队与开拓者队的比赛中创造的。

这本是一场再普通不过的常规赛，但对乐福来说，这却是他整个职业生涯最奇妙的一天。在开场哨响后，乐福就感觉自己如有神助，篮球仿佛能跟随他的信念，一次又一次乖乖地落入网中。比赛仅仅打了4分25秒的时间，乐福居然已经7投7中，三分球更是6投6中，轰下了20分，这样的表现比克莱·汤普森单节得到37分时还要恐怖。若按照这样的得分效率，乐福单节得分能够突破50分。

在乐福的疯狂发挥下，骑士队主场速贷中心球馆里的球迷显然意识到他们可能正在经历历史性的时刻，球迷们早早陷入了疯狂，每当乐福接到球，他们便会起立欢呼，鼓励他大胆出手。

首节还剩7分05秒，乐福终于投丢了一个三分球，但很快他就续上了火力，再中两记三分球。勒布朗·詹姆斯几乎放弃了个人进攻，竭尽全力为乐福创造投篮机会，把球舒服地送到他的手中，帮助他完成进球。

打到首节还剩39秒，乐福已经14投11中，三分球10投8中，罚球4中4，得到了34分，这已经是NBA历史上单节第二高的得分。乐福只需要再进一个三分球就能够追平汤普森的纪录，若再得4分，他就会成为新的纪录保持者。

骑士队还有两个进攻回合，乐福确实有机会追平甚至是超过汤普森的纪录。但之后争议性的一幕发生了，当时詹姆斯已经下场休息，欧文重新登场，他本应该像詹姆斯一样，成全乐福，继续传球给他。

但在骑士队最后两次进攻中，球队主力控卫凯里·欧文都选择了个人持球单打，无视一旁的乐福伸手要球，结果欧文一次上篮被盖，一次中投不中，乐福的脸上流露出了些许失望而又无奈的表情。

毕竟对乐福而言，这样的机会太难得，一名NBA球员穷其整个生涯，可能只有一两次能碰到这样的手感，有机会去冲击历史单节得分纪录。

虽然遗憾与NBA单节得分纪录擦肩而过，但在这场比赛中，乐福还是创造了其他的纪录。乐福在首节得到34分，这是NBA历史上首节的得分纪录，也是骑士队队史的单节得分纪录。同时，乐福单节命中8记三分，这是他生涯单节命中三分球的纪录，也是骑士队队史纪录。另外全场比赛，乐福轰下了40分，这是他骑士队生涯的单场最高分。

凯文·乐福 生涯主要荣誉

| 1次总冠军 |
| 5次全明星 |
| 2次最佳阵容 |
| 1次奥运会冠军 |

冷面杀手　科怀·伦纳德

科怀·伦纳德如同一个安静的刺客。他是 NBA 现役最好的攻防兼备的球员，他的防守很恐怖，在进攻上也越来越好，三分投篮、干拔跳投、背身单打、持球突破等等，伦纳德拥有改变一支球队的能力。

——引语

冷面杀手

科怀·伦纳德刚出道时的定位是防守大闸，两度荣膺最佳防守球员。直到2018—2019赛季，伦纳德从马刺队离开加盟猛龙队，他的进攻能力才得到了彻底地释放。尤其是在2018—2019赛季季后赛东部半决赛，这是让伦纳德封神的一轮系列赛。

这轮系列赛，猛龙队与76人队鏖战七场，伦纳德五场轰下30+，两场砍下40+，场均34.7分、9.9个篮板和4次助攻，投篮命中率高达53%。76人队使用了各种防守策略对付伦纳德，但都无法限制住他。

在2019年5月13日猛龙队与76人队的"抢七"生死战中，伦纳德在身边队友投篮都不准的情况下，将整支球队扛在了自己的身上。比赛还剩下4秒，伦纳德已经出手了38次，命中15球，猛龙队与76人队战成90∶90，伦纳德还需要再投进一球，才能够赢下这场生死对决。

猛龙队暂停布置战术，马克·加索尔前场发球，顺利把球给到伦纳德手中。此时比赛时间仅剩4秒，伦纳德遭遇76人队最好的两名球员本·西蒙斯和乔尔·恩比德的双人包夹，但他无所畏惧，右手突破，闷头朝底线位置冲去。伦纳德看不到计时器，但他感觉到时间即将走完，然后在底角附近强行后仰跳投，球划出高高的弧线，越过恩比德的手掌，飞向篮筐。

伦纳德的出手看似力道不足，球砸到篮筐前沿，但神奇的一幕发生了，球在篮筐上竟然颠了五六下后掉入了网中。伦纳德完成了可能是NBA历史上在篮筐上颠了最多次的压哨绝杀，他没有给76人队留下任何一丝机会。

　　伦纳德这个幸运的绝杀是NBA季后赛"抢七"历史上首个压哨绝杀，他在"抢七"战中得到全队92分中的41分，占比达到44.6%，同样是NBA的历史纪录。在这之后，伦纳德率领猛龙队继续高歌猛进，他们在东部决赛淘汰雄鹿队，晋级总决赛后更是一举终结勇士队王朝，捧起了队史首座总冠军奖杯。

科怀·伦纳德 生涯主要荣誉

2次总冠军

2次总决赛MVP

1次全明星MVP

2次最佳防守球员

5次全明星

5次最佳阵容

7次最佳防守阵容

1次抢断王

2021年入选NBA75大巨星

最强 3D　克莱·汤普森

克莱·汤普森，单场狂砍 NBA 历史最高的 37 分，他的得分爆发力数一数二。在 NBA 的江湖中，流传着"G6 汤"的传说，每当勇士队身处险境时，汤普森往往能够挺身而出，上演单骑救主的好戏。在勇士队创建王朝的历程中，他功不可没。

——引语

·三分封神

现代篮球的发展，让三分球的价值和作用发挥到了前所未有的程度。正所谓时势造英雄，克莱·汤普森就是NBA三分球时代下最为光彩夺目的射手之一。

科比在2003年1月8日创造了NBA历史上单场命中12记三分球的纪录，直到13年过去，库里才在2016年11月8日对阵鹈鹕队的比赛中投中13个三分球，打破纪录。但库里的新纪录仅仅保持了不到两年的时间，就被汤普森刷新。

在2018年10月30日勇士队客场挑战公牛队的比赛中，汤普森手感爆炸，他首节就9投8中，三分球7投6中，轰下了22分。而在第二节和第三节，汤普森分别再中4记三分球，个人单场三分球命中数达到14次，超越了库里。值得一提的是，汤普森投中第14个三分球时第三节还剩4分53秒，他还有大把的时间继续改写纪录，但由于勇士队大比分领先对手，汤普森早早下场休息。

汤普森自2011年进入NBA联盟以来，每个赛季都保持着40%以上的三分球命中率，生涯三分球命中率高达

41.9%。自新秀赛季后，汤普森每个赛季至少命中200个三分，他也是历史上首位能够在生涯前三个赛季就达成500个三分球里程碑的球员。

在真正考验射手稳定性和承压能力的季后赛上，汤普森的表现依然无可挑剔。汤普森季后赛生涯三分球命中率为41.5%，与常规赛基本无异，他在2015—2016赛季和2017—2018赛季都是当季季后赛命中三分球数最多的球员。

· 单节 37 分

迈克尔·乔丹是公认的NBA历史上最伟大的球员，他职业生涯单赛季场均最高分是1986—1987赛季的37.1分，这也是联盟从1962—1963赛季至今球员的场均得分纪录。而谁能想到，在2014—2015赛季的一场比赛中，只有24岁的克莱·汤普森仅仅用一节的时间就得到了37分，一举刷新了NBA历史单节得分纪录。

这是2015年1月24日勇士队主场迎战国王队的比赛，上半场比赛打得波澜不惊，勇士队以56∶51稍稍领先国王队，看起来两队在下半场还将有一番鏖战。但汤普森的突然大爆发，让这场比赛突然变得无比简单，因为他一个人就轻松击倒了整支国王队。

从第三节还剩9分44秒汤普森命中一个中投开始，他完全接管了比赛，球场变成了他一个人表演的舞台。汤普森的外线三分犹如连珠炮，一次次射中靶心，国王队的篮筐在汤普森看来就如同大海一样宽阔。

眼看着汤普森弹无虚发，勇士队其他球员斯蒂芬·库里、德雷蒙德·格林和肖恩·利文斯顿等人非常默契地做出一致的选择，那就是寻找一切机会为汤普森做球。而汤普森的任务只有一个，他只需接到队友的传球，然后把球扔进篮筐。

在第三节12分钟的比赛时间里，汤普森交出了一份令人瞠目结舌的数据单，他投篮13次出手全部命中，包括9投9中的三分球，罚球则是2罚2中，一个人独砍37分，比国王全队单节得到的22分还要高出不少。

在汤普森之前，NBA单节得分纪录是乔治·格文在1977—1978赛季创造的33分，后来在2008年12月11日，卡梅隆·安东尼在掘金队对森林狼队的比赛中砍下33分，他仅仅是追平了纪录。NBA单节得分纪录尘封达37年之久，这一度被认为是联盟历史上最难打破的纪录之一。

要知道当数据纪录达到一定的极限，每前进一点都是一个突破，就像是百米赛跑纪录，每提升0.1秒都非常艰难。但汤普森用惊世骇俗的表现，单节狂砍37分，一下将原有的纪录提高了4分。更不可思议的是，汤普森在刷新单节得分纪录的同时，还创造了单节命中9个三分球、单节连续投中9个三分球、单节命中13球和单节连续投中13球等纪录。

随着NBA球员投射能力的提升，以及联盟可能会引入四分球的规则，单节37分的纪录有朝一日或许会被打破，但要像汤普森那样在一节时间里以百分百的投篮命中率得到这么多的分数，这要比登天还难。因此，汤普森在2015年1月24日对国王队第三节的表现是前无古人，恐怕也是后无来者。

·三节 60 分

由于有三分球威力的加持，汤普森的得分爆发力在整个NBA历史上都是数一数二的。除了单节37分的神奇纪录外，汤普森还在其他多场比赛中都证明了自己的进攻火力有多猛。

在2016年12月6日勇士队与步行者队的比赛中，汤普森火力全开，他首节12投8中得到17分，三分球2投1中。而到了第二节，汤普森开始在外线开火，单节10投7中，三分球7投4中，加上罚球，轰下了23分，半场得到了40分。汤普森成为继2003年的科比之后，首位能够在上半场得到40分的球员。

到了第三节，汤普森火力不减，单节再砍20分，个人得分已经来到了生涯新高的60分。但就和单场投中14记三分球的那场比赛一样，由于胜负失去悬念，汤普森早早被换下场，他没能冲击70分、80分甚至是更高的分数。

即便如此，汤普森还是创造了一项新的NBA纪录，他在仅出场29分钟的情况下得到60分，是历史上得到60+分用时最短的球员。2018年12月30日，汤普森在不到27分钟的时间里得到52分。据数据统计，NBA历史上只出现过四次球员出场时间不到30分钟却得到50+分，汤普森一人就占据了半壁江山。

汤普森的进攻方式还有一大特点，就是无球能力出色，他不占用太多球权，甚至都不用运球，就能够在比赛中得到高分。在2019年1月9日勇士队对阵尼克斯队的比赛中，汤普森出战34分钟，29投18中，三分球16投7中，轰下43分，令人震惊的是，他整场比赛只运球了4次，没有得到一次罚球，将无球跑动和接球投篮发挥到了极致。

· G6 传奇

在NBA的江湖当中，流传着关于"G6汤"的传说，由来就是当季后赛系列赛来到第六场，勇士队身处险境时，汤普森往往能够打出天神下凡般的表现，一人力挽狂澜。

汤普森季后赛生涯最经典的一战就是2015—2016赛季的西部决赛第六场。在这场比赛之前，勇士队面对杜兰特和威斯布鲁克领衔的雷霆队，陷入2：3落后的绝境，他们第六场前往客场作战，这对勇士队来说就是虎穴龙潭。但在生死攸关时刻，汤普森大显神威，他31投14中，其中三分球18投11中创季后赛历史，狂砍41分，帮助勇士队末节翻盘，死里逃生。最终，勇士队在系列赛中逆转雷霆队，闯入总决赛。

转眼到了2017—2018赛季西部决赛第六场，勇士队又是身处2：3落后的淘汰边缘，他们在比赛第一节后以22：39落后达到17分。千钧一发之际，汤普森一个个三分球就像是"回魂丹"，不断帮助勇士队蚕食着火箭队的优势，最终完成大逆转。这场比赛，汤普森23投13中，三分球14投9中，轰下35分。

2018—2019赛季西部半决赛第六场，勇士队虽然是以总比分3：2领先，但球队缺少了杜兰特，他们的对手火箭队很有可能趁势展开反击。可汤普森没有给火箭队任何机会，他再次在第六场发力，全场20投10中，三分球13投7中，得到了27分，率领球队昂首晋级。

2018—2019赛季总决赛，勇士队由于伤病，在面对猛龙队时落入下风，五场比赛打完以总比分2：3落后。而到了自己熟悉的第六场，汤普森依然没有让人失望，他把球队扛在肩上，在32分钟的时间里12投8中，三分球6投4中，得到了30分。但遗憾的是，汤普森在比赛中遭遇膝盖韧带撕裂的重伤，没能带队战斗到最后一刻，勇士队最终以4分之差惜败。

汤普森如果只是在关键比赛中爆发一两次，你可以说是运气或手感问题，但事实证明，每当勇士队遭遇逆境，汤普森都会挺身而出，上演单骑救主的好戏，尽显自己大心脏的特质。在勇士队创建王朝的历程中，汤普森功不可没。

汤普森 生涯主要荣誉

3次总冠军

5次全明星

2次最佳阵容

1次最佳防守阵容

1次奥运会冠军

组织前锋　德雷蒙德·格林

作为勇士队"死亡五小"阵容的核心，德雷蒙德·格林的贡献无法用数据衡量，他依靠出色的视野与传球梳理球队的进攻，同时，他还是一个顶级的防守者，能够防守多个位置。NBA 历史上唯一得分没有上双的三双数据正是格林无私与团队至上的表现。

——引语

在三双数据当中，最常见和最简单的三双是得分、篮板和助攻三项数据上双，相对而言，在比赛中得到两位数的盖帽或者抢断要难得多。在2017年2月11日勇士队与灰熊队的比赛中，诞生了一个非常规的三双：勇士队的德雷蒙德·格林得到了4分、11个篮板、10次助攻和10次抢断，这成为NBA历史上唯一得分没有上双的三双数据。

这场比赛，格林仅仅出手了6次，命中2球，他把更多的精力放在了防守和进攻组织上。在比赛还剩下2分55秒时，格林抢断贾麦考·格林得手，他达成了篮板、助攻和抢断的三双。此时此刻，格林有足够的时间去抢分，让自己的得分达到两位数，从而打出四双数据，成为NBA历史上第五位在比赛中得到四双的球员。

但格林没有为了纪录去刷数据，在之后的比赛中，他不仅没有再出手，而且还在终场前1分44秒下场休息。当时勇士队大比分领先灰熊队，已经锁定胜局，勇士队主帅斯蒂夫·科尔询问格林是否想继续留在场上，但格林摆摆手，他想把更多的上场机会留给板凳席上的队友，这展现了格林无私和团队至上的精神。

　　虽然仅以6分之差错过四双，但格林还是在这场比赛中创造了多项数据。格林是NBA历史上第二位单场至少得到10个篮板、10次助攻和10次抢断的球员，另一位是阿尔文·罗伯特森，他在1986年的一场比赛中得到了20分、11个篮板、10次助攻和10次抢断。

　　格林在比赛中完成10次抢断，这创造了勇士队队史的纪录，同时也是自2009年布兰登·罗伊之后首位能够在比赛中送出两位数抢断的球员。

　　此外，格林还在防守端送出了5次封盖，自抢断和封盖数据在1973—1974赛季正式被官方统计以来，他是唯一能在单场比赛中至少得到10次抢断和5个封盖的球员。

　　"格林只得到4分却统治了比赛。"勇士队主帅科尔说道，"这是我所见过的最具统治力的4分表现。"

德雷蒙德·格林 生涯主要荣誉

3次总冠军

4次全明星

1次最佳防守球员

2次最佳阵容

6次最佳防守阵容

1次抢断王

2次奥运会冠军

历史仅有四人
达成四双纪录

拉塞尔·威斯布鲁克和奥斯卡·罗伯特森包揽了绝大多数的三双纪录，当然也有"漏网之鱼"。"魔术师"约翰逊职业生涯在常规赛中得到过138次三双，排在罗伯特森和威斯布鲁克之后，但在季后赛中，他共砍下过30次三双，高居第一，勒布朗·詹姆斯以28次排在第二。"魔术师"约翰逊共有9个赛季至少送出10次三双，历史最多；罗伯特森和威斯布鲁克都是有6个赛季至少打出过10次三双。

而在总决赛舞台上，詹姆斯一共11次砍下三双，超过8次在总决赛取下三双的"魔术师"约翰逊，独占历史第一。

NBA历史上最年轻的三双纪录则属于2020届新秀拉梅洛·波尔，他在2021年1月10日黄蜂队与老鹰队的比赛中贡献22分、12个篮板和11次助攻，以19岁140天的年龄超过富尔茨，成为完成三双的最年轻球员。

有趣的是，像罗伯特森、威斯布鲁克、"魔术师"约翰逊、基德和詹姆斯这样的三双机器，在他们的职业生涯中从未完成过四双数据。所谓四双，就是三双的升级版，要求在得分、篮板、助攻、抢断和盖帽五大数据中有四项数据上双。罗伯特森没有打出四双是有时代原因的，他打球时联盟还没有盖帽和抢断的统计，而威斯布鲁克、"魔术师"约翰逊、基德和詹姆斯从未得到过两位数的抢断或盖帽。

在NBA的漫长历史上，实际上只有四名球员打出来过四双，他们分别是内特·瑟蒙德、阿尔文·罗伯特森、哈基姆·奥拉朱旺和大卫·罗宾逊。瑟蒙德是历史上首位打出四双数据的球员，他在1974年10月19日公牛队对老鹰队的比赛中得到了22分、14个篮板、13次助攻和12次盖帽。

直到12年之后，阿尔文·罗伯特森才得到了NBA历史上的第二次四双，他在1986年2月19日马刺队对阵太阳队的比赛中砍下20分、11个篮板、10次助攻和10次抢断，这是历史上唯一的抢断上双的四双数据，阿尔文·罗伯特森也是取下过四双的球员中唯一的后卫。

另外两次四双则属于两位名人堂中锋，奥拉朱旺在1990年3月30日火箭队与雄鹿队的比赛中得到18分、16个篮板、10次助攻和11次盖帽，罗宾逊在1994年2月18日马刺队与活塞队的比赛中抢下34分、10个篮板、10次助攻和10次盖帽。在罗宾逊之后，NBA已经有28年的时间没有出现过四双了，由此可见，球员在比赛中达成四双的难度有多高。

前文有提过德雷蒙德·格林以6分之差错失四双，在NBA历史上还有一些球员也是遗憾地与四双擦肩而过。比如开拓者名宿克莱德·德雷克斯勒，他在1996年11月2日的一场比赛中得到25分、10个篮板、9次助攻和10个抢断，距离四双仅仅差了1次助攻。

NBA历史上还有不少的盖帽高手，像迪肯贝·穆托姆博生涯打出过10次盖帽三双，与奥拉朱旺并列历史第一，但由于穆托姆博传球能力有限，助攻数据上不去，他10次盖帽三双没有一次转化为四双。"天勾"贾巴尔有7次盖帽三双，哈桑·怀特塞德有4次盖帽三双，他们也都因为没有拿到两位数的助攻或抢断，未能达成四双成就。

得分狂人　达米安·利拉德

达米安·利拉德拥有冷血杀手的特质，似乎专为大场面而生，他成熟冷静，得分能力突出，传球值得信赖，有着超强的终结能力，具有领袖气质，还能够掌控球队，关键时刻更是球队的致命武器。

——引语

得分狂人

　　根据数据统计，NBA历史上共有29名球员打出过单场比赛60+得分的表现，其中仅有威尔特·张伯伦、迈克尔·乔丹、科比·布莱恩特、詹姆斯·哈登、埃尔金·贝勒和达米安·利拉德六人能够至少三次轰下60+得分。而令人难以置信的是，利拉德生涯至今三次60+得分，都是在一个赛季里完成的。

　　2019—2020赛季是利拉德最为巅峰的一个赛季，他场均数据达到了生涯新高的30分，外加4.3个篮板和8次助攻。在2019年11月9日开拓者队与篮网队的比赛中，利拉德单场得分首次突破了60分大关。这场比赛，利拉德出手33次，命中了19球，其中三分球16投7中，另外15个罚球全部罚中。篮网队在防守端使出浑身解数，祭出了盯人、联防和一盯四联等各种防守方式，但都无法阻止利拉德的疯狂输出。

　　利拉德爆砍60分，一战创下了三项纪录，这是他职业生涯最高分，也是开拓者队队史的单场得分纪录，还是当时联盟球员的赛季最高分。

　　仅仅过了两个多月，在2020年1月21日，利拉德就更上一层楼，将个人生涯和开拓者队队史最高分纪录提到了61分。当时是开拓者队主场迎战勇士队，虽然对面少了斯蒂芬·库里和克莱·汤普森，但开拓者队却打得异常艰难，第四节还剩15.3秒，他们以110∶113落后，命悬一线。危难时刻彰显英雄本色，身为球队领袖，利拉德责无旁贷地扛起重担，他持球单打，用一个撤步三分球将比赛拖入了加时赛。加时赛中，利拉德延续火热状态，利用三分球和罚球连续取分，帮助开拓者队以129∶124险胜勇士队。

利拉德37投17中，三分球20投11中，罚球16罚16中，轰下61分，他成为NBA历史上首位单场得到60+分并至少命中10记三分球的球员。

利拉德的60+分表演并未就此结束。2019—2020赛季由于疫情停摆了数个月时间，直到2020年7月底才恢复，而在8月12日，利拉德再次得到了61分。在开拓者队以134∶131险胜独行侠队的比赛中，利拉德自始至终斗志昂扬，他上半场25分，下半场再砍36分，投篮极其高效，运动战32投17中，其中三分球17投9中，罚球则是18中18。

至此，利拉德以单赛季三次60+分成为历史第二人，他是除张伯伦之外唯一能做到这一点的球员。值得一提的是，在利拉德对独行侠队得到61分的前一场比赛中，他迎战76人队攻下51分，利拉德成为NBA历史上第12位能连续两场得到50+分的球员。整个2019—2020赛季，利拉德共6次取下50+分，是继威尔特·张伯伦、科比·布莱恩特、詹姆斯·哈登、迈克尔·乔丹和里克·巴里之后第六位完成这一壮举的球员。

达米安·利拉德 生涯主要荣誉

6次全明星

6次最佳阵容

1次最佳新秀

1次奥运会冠军

2021年入选NBA75大巨星

禁区魔兽　德怀特·霍华德

　　他以状元秀身份出道，拥有超群绝伦的运动天赋，曾是全联盟最具防守统治力的球员，以当家球星身份带队打进过总决赛。

　　但恰逢传统中锋没落，小球风潮兴起的特定历史阶段，他又一度沉沦，甚至无人问津，直到认清现实，主动放低姿态，才终于功德圆满。

　　2021-2022 赛季开始之前，NBA 评选 75 大巨星，"魔兽"遗憾落选，很多球迷都为他鸣不平。客观而论，以他职业生涯所达到的高度，取得的成就，75 大巨星理应有他一席之地。

——引语

·第一中锋

　　当德怀特·霍华德 2004 年以状元秀身份进入联盟时，和姚明一起被视为 NBA 中锋位置的"最后希望"。20 世纪 90 年代，四大中锋风光无限，但迈克尔·乔丹的偶像力量，引领了得分后卫盛世，而像霍华德这样的内线新星，则成为凤毛麟角。

　　姚明的职业生涯因为连续不断的伤病而令人遗憾地提早结束，于是霍华德便成为联盟第一中锋的不二人选。

　　在效力魔术队的 8 个赛季里，霍华德 6 次入选全明星，5 次入选年度最佳阵容一阵，4 次在常规赛最有价值球员的评选中排名前五，被认为是几乎能单换勒布朗·詹姆斯的男人。

　　2008—2009 赛季，是霍华德职业生涯的最巅峰，他常规赛以 57.2% 的命中率场均砍下 20.6 分、13.8 个篮板、2.9 次封盖，带领魔术队打出 59 胜 23 负的出色战绩。季后赛，他们更是一路过关斩将，先后淘汰 76 人队、凯尔特人队和骑士队，与湖人队会师总决赛！

　　那一年的总决赛，霍华德场均拿下15.2个篮板，还能完成1.6次抢断、4次封盖，可惜他面对的是如日中天的科比，身边又缺乏有力支援，最终只能遗憾地与冠军失之交臂。

·禁区魔兽

　　霍华德巅峰期有4个赛季场均得分超过20分，8年魔术队生涯场均得到18.4分，但他真正的价值，体现在防守端。

　　霍华德曾经5次荣膺联盟篮板王，还有2次赢下盖帽王，职业生涯总篮板和总盖帽数都是现役第一。

　　霍华德曾4次入选年度最佳防守阵容一阵，1次入选年度最佳防守阵容二阵，他还3次当选年度最佳防守球员，这一成绩，仅次于迪肯贝·穆托姆博和本·华莱士（各4次），排名历史第三。

　　2008—2009赛季季后赛，当时带领76人队与魔术队交手的安德烈·伊戈达拉曾这样评价霍华德："他就像是能同时防守两名球员一样，他一个人就能防下对手执行挡拆的两个人，这几乎是不可能做到的事情！"

　　就连同样以防守闻名的凯文·加内特也不得不承认："他就是个天生的怪物，他的身体条件比我强太多了，我可没他那么有天赋！"

·浪子回头

　　霍华德因为对球队环境不满，在2012年夏天主动申请交易离开魔术队，转投湖人队，那也成了他职业生涯的转折点。

接下来的几年时间里，霍华德先后与科比、哈登两位明星后场球员做过搭档，但最终都不欢而散。不仅如此，随着联盟技术风潮的改变，以及霍华德自身状态的下滑，他的自我定位和比赛影响力之间开始出现失衡，于是渐渐从人人垂涎的超级明星，沦为食之无味弃之可惜的鸡肋，辗转老鹰队、黄蜂队、奇才队等多支球队。

坠入低谷的霍华德，及时做出自我反省，在 2019 年夏天主动请求重新加入湖人队，并且甘愿接受一份"有辱身份"的非保障合同。

接下来的 2019—2020 赛季，霍华德上演了一场浪子回头的好戏，用行动赢得了球队的信任与球迷的原谅，并在湖人队的总冠军之旅中发挥了重要作用。

在 34 岁的年纪，霍华德终于赢得了职业生涯的第一个 NBA 总冠军。

德怀特·霍华德 生涯主要荣誉

1次总冠军

8次全明星

3次最佳防守球员

8次最佳阵容

5次最佳防守阵容

5次篮板王

2次盖帽王

1次奥运会冠军

金牌辅助　安德烈·伊戈达拉

在 2014—2015 赛季那支冠军勇士队阵中，有两位全明星，一位年度最佳防守阵容一阵成员，一位曾经的状元秀，还有一位明日之星，但最终的总决赛 MVP 却另有其人。

从 2014—2015 赛季到 2018—2019 赛季，勇士队连续五个赛季打进总决赛，三夺总冠军，被认为是 NBA 有史以来最伟大的球队之一。谈到那支球队，人们首先会想到"水花兄弟"，想到"队魂"格林，想到中途加入但马上成为球队焦点的"死神"杜兰特，而安德烈·伊戈达拉，却始终默默扮演着幕后英雄的角色，成为一群超级明星身边的金牌辅助。

——引语

金牌辅助

·"小 AI"

伊戈达拉在 2004 年首轮第 9 顺位被 76 人队选中，新秀赛季即被推上首发阵容，并成为全队唯一在全部 82 场常规赛和 5 场季后赛都出任先发的球员。在对阵活塞队的比赛中，他拿到 10 分、10 个篮板、10 次助攻，成为该赛季唯一打出三双的新秀。

防守出色，技术全面，运动能力惊人的伊戈达拉，成为阿伦·艾弗森身边最得力的帮手，球迷亲昵地称呼他为"小 AI"。他和艾弗森的二人组，让人不禁联想到"公牛王朝"的超级明星组合，如果艾弗森是乔丹，伊戈达拉就是他身边的皮蓬。他是艾弗森最喜欢的助攻目标，也是"答案"身边最得力的助手。

可惜的是，艾弗森、伊戈达拉的组合未能为费城带来总冠军。2006—2007 赛季，"大 AI"被交易到掘金队，"小 AI"理所当然地成为 76 人队的新一代领军人物，接下来的几年时间里，他带领球队四次打进季后赛，并在 2012 年生涯首次入选全明星。

那一年，伊戈达拉是 24 名全明星球员中场均得分最低的，这是对大西洋赛区冠军球队头号球星的褒奖。但后来的事实证明，这并不是最适合他的角色。

· 黄金配角

2012 年夏天，伊戈达拉也被 76 人队送去丹佛掘金队，一年之后，他拒绝了掘金队的五年续约合同，通过先签后换加盟勇士队，从此开启了职业生涯的全新篇章。

接下来的日子里，伊戈达拉再也没有入选过全明星，甚至没有一个赛季场均得分上双，但却帮助勇士队成为 NBA 历史上最伟大的球队之一——他们创造了包括 73 胜 9 负常规赛历史最佳战绩在内的无数辉煌纪录，五进总决赛，三夺总冠军。

在此期间，伊戈达拉大部分时间担任替补，但在攻防两端战术地位的重要性，却不次于队中的几位全明星。2014—2015 赛季 NBA 总决赛，勇士队面对如日中天的勒布朗·詹姆斯，前三场比赛 1∶2 落后，之后史蒂夫·科尔将伊戈达拉调入首发，摆出"死亡五小"的阵容，结果这套阵容连扳四场，赢下总冠军！

在与骑士队的这轮系列赛中，伊戈达拉在防守詹姆斯时表现相当出色，当他在场时，詹姆斯投篮命中率只有 38.1%，进攻端也有场均 16.3 分进账，最终令人意外地击败队友库里，当选总决赛最有价值球员。这一奖项，也是对他"螺丝钉"精神的最佳肯定。

· 商业奇才

伊戈达拉除了是篮球场上的赢家，还是一位成功的科技投资人。他通过自己的公司投资了 50 多家公司，其中最成功的投资，当数多人手机云视频会议软件提供商 Zoom。Zoom 成立于 2011 年，2020 年成功上市，市值一度超过千亿美元。

伊戈达拉还与合伙人鲁迪·克莱恩·托马斯共同投资了 Facebook、Twitter 和特斯拉，以及其他至少 25 家科技行业的初创公司。

伊戈达拉还与彭博社合作，创建了"球员科技峰会"，该峰会召集了科技、风险投资和体育界的高管和领军人物，共同召开论坛，交流想法，并分享专业知识。

伊戈达拉还是一位畅销书作家，他在 2019 年出版了《纽约时报》畅销书《第六人》。毫不夸张地讲，在某种程度上，伊戈达拉的场外的成就已经超过了场内成就。

安德烈·伊戈达拉 生涯主要荣誉

3 次总冠军

1 次总决赛 MVP

1 次全明星

2 次最佳防守阵容

1 次奥运会冠军

全能战神　尼古拉·约基奇

篮球是一项巨人运动，但现代篮球却不断朝着快速、灵活的方向发展，传统中锋逐渐式微。

一个欧洲人的出现，改变了人们对于大个子球员的认知，他没有傲人的运动天赋，却凭借高超的篮球智商，扎实的篮球技术，和一手精准的传球，成为新型中锋的代表人物。

他将整支球队扛在自己肩上，垄断几乎所有影响比赛的高阶统计数据，完美诠释了最有价值球员的定义。他就是丹佛掘金队的当家球星——尼古拉·约基奇。

——引语

· 最会传球的中锋

在约基奇的个人武器库中，有很多致命武器，但传球绝对是其中最重要的一项。76 人队主帅道格·里弗斯曾经这样评价约基奇："我所见过的最会传球的大个子。"

里弗斯曾经和以传球能力著称的传奇中锋比尔·沃顿直接交过手，所以他的这番评价，足以说明很多问题。

约基奇的运动能力很平庸，这让他比别人更清楚阅读比赛的重要性。他总是能利用自己的身高和视野找到位于对方防守漏洞上的队友，然后从各种不可思议的角度送出助攻。很多时候，当队友接到他的传球完成得分后，你才意识到那里出现了机会。

数据也能证明，约基奇是有史以来最会传球的中锋球员。他在迄今为止的职业生涯里，已经有 115 场比赛助攻上双，在 NBA 历史上所有中锋球员当中，排名第一。

威尔特·张伯伦在 14 年职业生涯里，总共有 80 场比赛助攻上双，排名历史第二。而约基奇现在才刚满

27 岁，仅仅打完他的第 7 个 NBA 赛季。

2022 年 4 月 8 日，掘金队 122：109 轻松战胜灰熊队，约基奇拿下 35 分、16 个篮板、6 次助攻、4 次抢断。此役过后，约基奇在 2021—2022 赛季总共得到 2004 分、1019 个篮板、584 次助攻，他成为 NBA 历史上第一位单赛季至少砍下 2000 分、1000 个篮板、500 次助攻的球员

约基奇进攻技巧全面，得分手段多样高效，篮板球能力出色，还拥有后卫一样的传球能力，堪称最会传球的中锋。

· 最快三双纪录

三双是篮球比赛当中一项了不起的成就，但随着最近几年比赛速度不断加快，球权越来越向明星球员身上集中，已经开始有泛滥的趋势。

约基奇作为最会传球的大个子，解决了最困难的助攻，三双自然手到擒来。因此，职业生涯 76 次三双排名历史第七，中锋第二（还落后张伯伦 2 次），也就并不值得过分吹嘘。

不过，约基奇仍然有一项三双纪录，足以令他感到骄傲：

2018 年 2 月 16 日，在掘金队客场 134：123 战胜雄鹿队的比赛中，约基奇半场结束前 1 分 54 秒完成了本场比赛个人第 10 次助攻，就此达成三双。

约基奇只用了 14 分 33 秒就打出三双数据，这创下了 NBA 历史上最快三双纪录。此前的纪录是 17 分钟，由锡拉丘兹国民队的前锋吉姆·塔克创造于 1955 年，这个纪录尘封了整整 63 年，才被约基奇打破。

· 最有价值球员

在 2020-2021 赛季，约基奇打出了 NBA 有史以来最伟大的个人表现之一。他打满全部 72 场比赛，场均贡献 26.4 分、10.8 个篮板、8.3 次助攻，投篮命中率 56.6%，三分命中率 38.8%，31.3 的 PER 效率值高居联盟第一。

这一年，约基奇总共 60 次两双位列联盟第一，16 次三双排名联盟第二，他还成为继奥斯卡·罗伯特森、拉塞尔·威斯布鲁克之后，历史上第三位赛季场均至少 26 分、10 个篮板、8 次助攻的球员。

更加可怕的是，这一年，几乎所有证明球员比赛影响力的高阶数据统计，约基奇都高居联盟第一，包括胜利贡献值（WS%）、真实正负值（BPM）和不可替代价值（VORP）。尽管掘金队最终仅以 47 胜 25 负的战绩排名西部第三，但约基奇的个人表现太过耀眼，仍然众望所归地赢得常规赛 MVP。

2021—2022 赛季，掘金队队中第二、三号球星贾马尔·穆雷和迈克尔·波特都因伤长期休战，约基奇几乎是凭借一己之力带队取得西部第六的战绩。2021—2022 赛季，约基奇的 PER 效率值达到 32.9，这一数据创下新的 NBA 历史纪录！

约基奇有历史级别的传球能力，同时还拥有精准的投射和高效的低位进攻，甚至还具备与运动能力极不相称的防守影响力。他和我们所见过的任何球员都不一样，未来他能达到怎样的高度，也没人能够想象。

尼古拉·约基奇 生涯主要荣誉

1次常规赛MVP

4次全明星

3次最佳阵容

华人之光 林书豪

在 NBA 这个世界篮球的最高竞技殿堂中，林书豪的职业生涯可谓举步维艰，但他还是努力追逐着自己的 NBA 梦想。机会是留给有准备的人的，2012 年 2 月，"林疯狂"横空出世，书写下 NBA 历史上最为励志的篮球故事之一。

——引语

华人之光

NBA是世界篮球的最高竞技殿堂，这里是黑人球员统治的王国。当然，NBA也有不少白人巨星，比如拉里·伯德和德克·诺维茨基。黄种人打篮球并不占优，姚明几乎已经是天花板，而黄种人后卫在联盟打出名堂，更是没有先例。直到2012年2月，华裔球员林书豪横空出世，打破世俗偏见，书写下了NBA历史上最为励志和最令人惊叹的篮球故事之一。

其实在林书豪爆发之前，他的NBA生涯可谓举步维艰，虽然身披华人球员和哈佛毕业生两大光环，但篮球场上终究还是凭实力说话，林书豪参加2010年选秀大会，不出所料的名落孙山。之后，林书豪签约勇士队，新秀赛季打了29场，场均只有2.6分，第二年就被裁掉。火箭队向林书豪抛出了橄榄枝，结果一场球没打又被裁掉。林书豪辗转到了尼克斯队，他在NBA的前景看起来一片黯淡。林书豪本可以来中国的CBA联赛施展拳脚，但他还是希望努力一把，追逐自己的NBA梦想。

机会是留给有准备的人的。由于尼克斯队控卫位置上的球员表现不佳，球队主帅德安东尼决定试一试林书豪，结果在2012年2月5日尼克斯队对篮网队的比赛中，林书豪替补出战36分钟，19投10中，轰下25分和7次助攻，率领球队击败对手。自此，林书豪一发不可收拾，他在下一场比赛就跻身首发阵容。2月7日对阵爵士队，林书豪贡献28分和8次助攻率队取胜，之后对阵奇才队，林书豪又送出23分和10次助攻，尼克斯队连续赢球。

2012年2月11日，科比·布莱恩特领衔的湖人队造访纽约，在赛前，他被问到了关于林书豪的疯狂表现。"林书豪是谁？我听说过林书豪，但他都做了什么？是打出三双还是场均28分和8次助攻？"科比不屑地说道，"如果林书豪最近表现不错，那我就要想办法解决掉他。"

但比赛开打之后，林书豪延续着火热的状态，全场23投13中，爆砍38分和7次助攻，彻底征服了科比。"林书豪都快砍下40分了，你们记者还要问我能给他什么建议？"科比说道。

四天之后，尼克斯队迎战猛龙队，林书豪迎来了生涯又一高光时刻。终场前20秒，两队战成87：87，林书豪中圈附近控制住球，要执行最后一攻，俨然球队老大的风范。林书豪呼唤队友散开，在比赛还剩6秒时，他运球单挑卡尔德隆，然后正面干拔三分球，球空心入网。林书豪一剑封喉，全场轰下27分和11次助攻。

林书豪率领尼克斯队完成了一波六连胜，其间他个人场均能轰下26.8分、3.8个篮板、8.5次助攻。尤其是在打完与湖人队与猛龙队的这两场比赛后，林书豪被捧上神坛，人送绰号"林疯狂"，他刮起的林风暴席卷世界，成为全球偶像。

在林书豪后来的NBA生涯中，他再也没能复制"林疯狂"时期那么惊艳的表现，这进一步增添了"林疯狂"现象的超现实色彩。

林书豪 生涯主要荣誉

1次总冠军

科比接班人　德文·布克

　　13 号秀，超强的得分能力，最年轻的 70 分先生，他就是科比接班人——德文·布克。布克拥有着出众的篮球智商、教科书般的出手姿势，单场 70 分，布克一战成名！

——引语

科比接班人

　　当18岁的德文·布克走出肯塔基大学校园决定参加2015年NBA选秀时，他并不是同级新秀中的佼佼者。等到乐透区末段第13顺位，布克才被选中，加盟了正处于艰难重建期的菲尼克斯太阳队。

　　初来乍到的布克从板凳席起步，只能获得零星的出场时间，经常一场比赛下来一分未得。2015年12月末，太阳队主力后卫布莱德索遭遇膝伤赛季报销，布克才得以上位，跻身首发阵容，并且偶露峥嵘，在新秀赛季最后40场比赛，他场均19分，6次轰下30+分。

　　而生涯第二个赛季，布克已经坐稳了太阳队绝对主力的位置，场均数据暴涨至22.1分、3.2个篮板和3.4次助攻。在2017年3月25日太阳队对阵凯尔特人队的比赛中，布克更是打出了一场近乎疯狂的表现，从此名声大噪。

　　在当时，两支球队实力差距悬殊，太阳队仅有22胜50负，排名西部倒数，而凯尔特人队46胜26负，高居东部前列。上半场的比赛走势是两队实力的真实写照，凯尔特人队以66：43遥遥领先太阳队，布克火力全开，他内突外投，前两节便砍下19分，但这仍不足以改变球队大比分落后的事实。

到了第三节，布克开启了更为凶猛的攻击模式，他不惜命地冲杀内线，将球打中还能造成对手犯规，命中加罚。而在中远距离，布克也来了手感，频频命中目标。第三节节末，布克得到了职业生涯第一个40分，创个人得分新高。进入第四节，杀红眼的他已经无法阻挡，不断刷新纪录，先后将生涯第一个50分和60分收入囊中。

临近终场，砍分势头不减的布克冲击70分里程碑，而当时太阳队落后太多，败局已定，队友们也有意成全布克，纷纷给他传球。在最后关头，时任太阳队主帅的沃特森还特意叫暂停，只想节约从后场推进到前场的时间，为布克创造更多的出手机会。布克最终不辱使命，终场前37秒，他造成杰·克劳德犯规，走上罚球线，稳稳的两罚全中，将个人得分定格在了70分，凯尔特人队主场观众罕见地为客队球员送上了掌声。

难能可贵的是，当时的布克年仅20岁145天，他一举成为NBA历史上得到60分和70分最年轻的球员。不仅如此，纵观整个联盟历史，能单场得到70+分的球员可谓凤毛麟角，布克是第六位达成这一成就的球员，此前的五位分别是威尔特·张伯伦、埃尔金·贝勒、大卫·汤普森、大卫·罗宾逊和科比·布莱恩特，个个大名鼎鼎，而强如迈克尔·乔丹、勒布朗·詹姆斯、凯文·杜兰特、斯蒂芬·库里和詹姆斯·哈登等人，都未曾触摸到这一纪录。

布克这一战还创造了太阳队队史单场得分纪录，并且是凯尔特人队队史让对手球员得到最多分数的纪录。布克下半场狂砍51分，是NBA历史排名第五的纪录，仅次于威尔特·张伯伦（半场59分）、科比·布莱恩特（半场55分）、乔治·格文（半场53分）和大卫·汤普森（半场53分）。

十年磨剑无人问，一朝闻名天下知。布克经此一战，不仅让所有人记住了他的名字，还被外界认定为将是继科比·布莱恩特之后从第13顺位走出来的又一位超级得分后卫。

德文·布克 生涯主要荣誉

3次全明星

1次奥运会冠军

神奇教头

运筹帷幄，决胜千里。篮球，作为一项团队运动，成功不只依靠伟大的球星，还离不开杰出教练的谋略攻伐。能力卓绝的教练，他们不仅仅是出类拔萃的专业人士，更是管理大师。

NBA，是一个以球星为商业核心的职业体育联盟，但篮球作为一项团队运动，无论多么伟大的球星，取得成功都离不开杰出的教练在幕后助力。

优秀的教练，既要在场上运筹帷幄，也要在场外决胜千里，集战术设计、日常训练、赛前准备、临场指挥、赛后总结、更衣室情绪调节等多技能属性于一身。站在教练金字塔顶端的名帅，不但是出类拔萃的篮球专业人士，也深谙心理学与管理学。

篮球江湖，不仅仅是刀光剑影，也是智略攻伐。能力卓越的教练，就如卓尔不凡的球员，各有各的风格，百花齐放，可有一点是相同的——那就是智勇双全。

· 篮球教父

教父型的主帅兼任球队管理者的角色，既可带队也能建队，可以称为一支球队的"教父"，代表人物是阿诺德·奥尔巴赫。奥尔巴赫从1950年开始执教凯尔特人队，并担任球队总经理，一手打造了以比尔·拉塞尔为核心的凯尔特人队篮球王朝，从1956—1957赛季开始至1965—1966赛季，奥尔巴赫执教凯尔特人队十年内九次夺冠，其间打出震古烁今的八连冠。

担任凯尔特人队主教练期间，奥尔巴赫开创了速度篮球的先河，并且在美国种族歧视很严重的时代，大胆启用黑人球员，无论从战术还是用人方面，都为NBA的发展奠定了基础。结束教练生涯后，奥尔巴赫继续作为经理人为凯尔特人队搭建夺冠地基，一手组建了由拉里·伯德、凯文·麦克海尔、罗伯特·帕里什组成的波士顿三巨头，成就了"绿衫军"在20世纪80年代的再度辉煌。

阿诺德·奥尔巴赫

出生日期： 1917年9月20日
逝世日期： 2006年10月29日
执教球队： 华盛顿国会队、三城黑鹰队、凯尔特人队
执教场数： 1417场
执教胜场数： 938场

主要荣誉 ——
9个NBA总冠军
1次年度最佳教练
1996年入选NBA历史10大主帅
2021年入选NBA历史15大主帅

奥尔巴赫的凯尔特人队王朝，以及他标志性的胜利雪茄，成为NBA不朽的传奇篇章。为了向传奇致敬，NBA的最佳教练奖以奥尔巴赫命名。

在奥尔巴赫之后，教父型教练的代表是帕特·莱利与格雷格·波波维奇。莱利在湖人队执教期间4次率队夺冠，缔造了洛杉矶篮球的"表演时代"。从转战尼克斯队开始，莱利就迈入了执教与管理两手抓的生涯阶段，热火队给了他更好地展示才华的

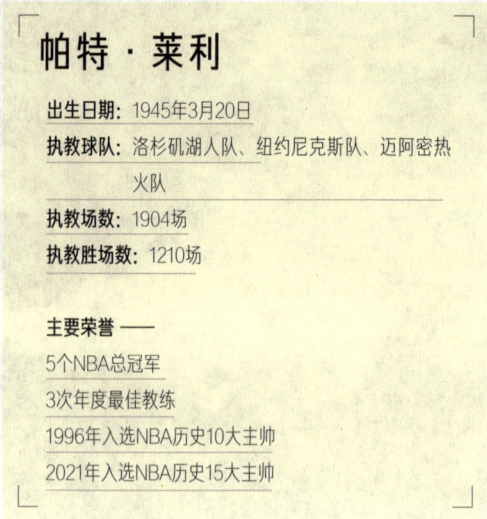

帕特·莱利

出生日期： 1945年3月20日

执教球队： 洛杉矶湖人队、纽约尼克斯队、迈阿密热火队

执教场数： 1904场

执教胜场数： 1210场

主要荣誉 ——

5个NBA总冠军

3次年度最佳教练

1996年入选NBA历史10大主帅

2021年入选NBA历史15大主帅

机会，莱利作为教练与总裁，创建了2005—2006赛季的迈阿密篮球冠军队。

2010年，帕特·莱利成功招募勒布朗·詹姆斯与克里斯·波什，缔造了"热火三巨头时代"，球队连续四年进入总决赛并两次夺冠。在"三巨头"时期书写句号后，莱利又引领球队快速完成重建，围绕吉米·巴特勒与巴姆·阿德巴约再度打造出杀入总决赛的队伍。迈阿密篮球教父，帕特·莱利实至名归。

波波维奇是马刺队长盛不衰的领路者，他以大卫·罗宾逊与蒂姆·邓肯的"双塔组合"开创马刺队的冠军时代，随后以蒂姆·邓肯、托尼·帕克、马努·吉诺比利为基石搭建"GDP组合"。波波维奇带领马刺队连续22年闯入季后赛，期间5次夺取总冠军。波波维奇缔造的马刺文化与马刺体系，是NBA历史上的一座丰碑。

·心理大师

这种类型的教练，善于捕捉球员的心理动向，能够从精神层次完成对球员的激励，令球员按照双赢的模式正确地打篮球。

心理型教练绝非战术不强，而是他们能够在战术体系创立的基础上，将球员尤其是队内的球星融入体系中，让个人与团队的力量完美契合，进而实现从强队到冠军队的跨越。

菲尔·杰克逊就是心理型名帅的旗帜人物，他成功说服迈克尔·乔丹接受三角进

攻，这是公牛队能够冲破活塞队阻挡登顶联盟的关键变化。在执教公牛队期间，杰克逊通过富有个人魅力的沟通、暗藏玄机的赠书、带有宗教色彩的团队活动，以及融合励志电影等五花八门的录像剪辑方式，推动着公牛队的将士们克服重重难关，两次打出三连冠。

在执掌湖人队教鞭期间，杰克逊再度施展他在篮球心理建设上的能力，让沙奎尔·奥尼尔与科比·布莱恩特两位从个性到打法都差别很大的球星，完美

菲尔·杰克逊

出生日期： 1945年9月17日
执教球队： 芝加哥公牛队、洛杉矶湖人队
执教场数： 1640场
执教胜场数： 1155场

主要荣誉 ——
11个NBA总冠军
1次年度最佳教练
1996年入选NBA历史10大主帅
2021年入选NBA历史15大主帅

嵌入三角进攻中，杰克逊又一次实现三连冠伟业。在奥尼尔离开湖人队后，杰克逊又以科比与加索尔为基本盘，成就了两连冠霸业，杰克逊以11次总冠军成为NBA历史上带队夺冠最多的主帅。

作为杰克逊的弟子，泰伦·卢也是一位心理掌控方面的大师，集超高的篮球智商与人际情商于一身。泰伦·卢在2015—2016赛季接替大卫·布拉特成为骑士队主教练后，迅速平息了詹姆斯与欧文在战术角色上的分歧，消除了之前扰乱球队的更衣室纷争。在2015—2016赛季总决赛期间，当骑士队陷入1：3落后的困境时，泰伦·卢通过"更衣室藏钱"与"参观监狱"等心理按摩的方式，激活了球员们的斗志，实现了NBA历史上首个总决赛1：3大逆转，书写了克利夫兰体育史的辉煌。

·战术鬼才

以战术能力立足于NBA的名帅们，大体可以分为三种类型。第一种是将传统战术使用到炉火纯青，爵士队的杰里·斯隆就是如此。斯隆教练将挡拆这个篮球基础战术打造成球队的必杀技，带领爵士队连续15个赛季闯入季后赛，

杰里·斯隆

出生日期： 1942年3月28日
逝世日期： 2020年5月22日
执教球队： 芝加哥公牛队、犹他爵士队
执教场数： 2024场
执教胜场数： 1221场

主要荣誉 ——
2021年入选NBA历史15大主帅

其中两次杀入总决赛。斯隆作为主帅总计获得了1221场比赛胜利，是NBA历史上五位1200胜教练之一。

第二种是战术创新型，这种风格的教练拥有突破传统、勇于尝试的精神，并且引领着篮球潮流的变革。唐·尼尔森在篮球战术主流仍处于阵地战攻坚、低位为王的时代，以注重速度和投射的跑轰体系为篮球带来了令人耳目一新的变化，以小击大，以快打慢，独行侠队和勇士队都在尼尔森的指引下成为经典

唐·尼尔森	
出生日期:	1940年5月15日
执教球队:	密尔沃基雄鹿队、金州勇士队、纽约尼克斯队、达拉斯独行侠队
执教场数:	2398场
执教胜场数:	1335场

主要荣誉 ——
3次年度最佳教练
1996年入选NBA历史10大主帅
2021年入选NBA历史15大主帅

的跑轰战队。德克·诺维茨基作为一名完全没有美国篮球背景的国际球员，在尼尔森的体系下扬长避短，充分挖掘出进攻潜能，终成一代名将。虽然尼尔森作为教练未能夺冠，但他开创了NBA的战术革新，为后来的小球时代铺开了道路。尼尔森执教生涯拿到了1335场胜利，是NBA历史上获胜场次最多的主教练。

迈克·德安东尼是小球战术的带动者，他将欧洲篮球的传切投射与美国篮球的跑轰奔袭结合在一起，融合了挡拆协作，形成了独树一帜的快打旋风。史蒂夫·纳什与詹姆斯·哈登都在德安东尼的体系中打出了MVP表现，这是教练的战术与球星的能力相互适应、相互成就的典范。尽管德安东尼执教生涯尚未问鼎冠军，但他的体系为NBA推开了小球时代的大门。

史蒂夫·科尔是篮球战术的集大成者，这是战术型教练的第三种。科尔师从菲尔·杰克逊与波波维奇，又作为总经理在太阳队体验了小球打法，他在勇士队执教期间将NBA战术领域的传统与创新相结合，创立了以高位挡拆，内线球员策应，底线空切，外线借掩护跑位创造空间的进攻系统，并与助教协作，以本队阵容配置的特点为基础，开创了攻守兼备的五小阵容，将小球打法从一种常规赛乘风破浪却在季后赛屡屡搁浅的体

迈克·德安东尼	
出生日期:	1951年5月9日
执教球队:	丹佛掘金队、菲尼克斯太阳队、纽约尼克斯队、洛杉矶湖人队、休斯敦火箭队
执教场数:	1199场
执教胜场数:	672场

主要荣誉 ——
2次年度最佳教练

系，演变成夺冠必杀技。

在科尔的带领下，勇士队四年内三次夺冠。德雷蒙德·格林成为优秀的进攻发动者与全能防守人，克莱·汤普森的投射能力在体系中实现效应最大化，凯文·杜兰特的"死神级"单打也在勇士队找到了合适的定位，斯蒂芬·库里更是实现了常规赛MVP两连庄，以历史级的远投技能，彻底改变了篮球的核心战术框架，而这样的改变离不开科尔创立的体系。

·冠军主帅

胜者为王，这是竞技体育的铁律。冠军是衡量一位教练生涯成就的重要指标。在NBA历史中，作为主帅夺冠次数最多的是菲尔·杰克逊，他在1990—1991赛季至1992—1993赛季带领公牛队获得三连冠，在1995—1996赛季至1997—1998赛季率领公牛队再次实现三连霸业。1999—2000赛季至2001—2002赛季，杰克逊指挥湖人队建立三连冠王朝。2008—2009赛季与2009—2010赛季，杰克逊引领湖人队打出两连冠。

在杰克逊的执教履历上，三个三连冠，一个两连冠，总计11次总冠军。在NBA历史上，只有杰克逊做到了教练生涯夺冠次数达到10次以上。杰克逊拥有一项很特别的能力，他可以在尊重巨星单打权利的基础上，将一对一的打法与团队体系无缝对接，并且球星不会因为牺牲了一定的出手权而与教练产生隔阂，这是杰克逊能够在一支球队快速取得成功的关键。

杰克逊执教公牛队的第二年，球队就开启了三连冠，他成为湖人队主帅的第一年，紫金军踏上三连辉煌。迈克尔·乔丹、沙奎尔·奥尼尔与科比·布莱恩特，这些划时代巨星在遇到杰克逊之前都未能夺冠，而在与杰克逊合作后都快速实现加冕。画龙点睛，这是杰克逊11冠的法宝，是复制难度极高的篮球智慧。

杰克逊在NBA担任了20年主教练，他执教的球队从未缺席过季后赛，常规赛胜率从未低于过50%，20个赛季中有17个赛季赢球场次达到50或以上，7个赛季胜场60+。杰克逊执教生涯常规赛胜率高达70.4%，是NBA历史上唯一做到常规赛胜率超过70%的主教练。杰克逊在季后赛率队赢了229场比赛，在NBA历史上季后赛获胜场次200+的教练只有杰克逊一人。

在NBA历史上，总计有6人执教生涯夺冠至少3次，阿诺德·奥尔巴赫以9次夺冠排名第二，随后的格雷格·波波维奇、帕特·莱利与约翰·昆德拉都是5次夺冠。昆德拉教练是NBA历史上首个篮球王朝的创立者，他带领湖人队（当时主场还在明尼阿波利斯）在1948—1949赛季至1953—1954赛季期间6年内5次夺冠，包括1948—1949赛季与1949—1950赛季的两连冠、1951—1952赛季至1953—1954赛季的三连冠，昆德拉是NBA历史上首位带队卫冕的教练，也是首位率队三连冠的教练。史蒂夫·科尔作为主帅3次夺冠，位列教练夺冠榜第六位。

·千胜教头

在常规赛获胜场次方面，格雷格·波波维奇以1344胜排名第一，唐·尼尔森以1335胜排名第二，兰尼·威尔肯斯1332胜位列第三。威尔肯斯作为球员和教练都入选了篮球名人堂，他在NBA执教了2487场比赛，是联盟历史上唯一指挥比赛场次达到2400+的主帅。威尔肯斯的执教风格注重团队配合，进攻端无私分享球，防守端依靠协作打造铜墙铁壁，1978—1979赛季的超音速队就是他篮球理念的最佳体现，那支球队没有球员场均得分20+，却有7名球员场均得分上双。进攻端遍地开花的超音速队，打出了联盟第一的防守效率，他们在攻防两端都以团队的模式给予对手打击，一路过关斩将拿下总冠军。

威尔肯斯是NBA历史上第一位拿到1000场胜利的教练，NBA在1996年评选历史五十大巨星与十大名帅，只有威尔肯斯同时登上了两份榜单，这是对他传奇篮球生涯的认可与致敬。

另外两位执教胜场达到1200+的教练是杰里·斯隆（1221场胜利）与帕特·莱利（1210场胜利）。乔治·卡尔以1175胜排名NBA历史第六，卡尔教练对于进攻的偏好，令他善于打造风格狂野的球队，超音速队时期由加里·佩顿与肖恩·坎普引领的"狂风暴雨"，雄鹿队时期由雷·阿伦、格伦·罗宾逊与萨姆·卡塞尔组成的"三个火枪手"，掘金队时期的丹佛"田径队"，都有着特点鲜明的卡尔烙印，自由奔放，快速凌厉。

狂放不羁的进攻风格让卡尔总是能

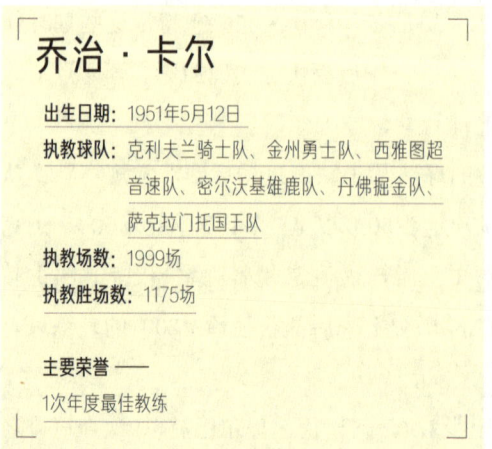

乔治·卡尔

出生日期：1951年5月12日

执教球队：克利夫兰骑士队、金州勇士队、西雅图超音速队、密尔沃基雄鹿队、丹佛掘金队、萨克拉门托国王队

执教场数：1999场

执教胜场数：1175场

主要荣誉——
1次年度最佳教练

够带领球队在常规赛获得佳绩，他执教生涯有12个赛季获胜场次达到50场，其中3个赛季胜场60+。在很长一段时间里，卡尔被扣上重攻轻守的帽子，但实际上一位千胜教练不可能只攻不守，卡尔在调教球队防守方面也有自己的特点，后卫高压逼抢，锋线快速夹击，当今NBA流行的无限换防，早在90年代卡尔执教超音速队时就已经开始应用。

遗憾的是卡尔执教的两个巅峰期，1995—1996赛季的超音速队，2000—2001赛季的雄鹿队，分别在季后赛输给了如日中天的公牛队与铁血战团76人队，这两支夺走卡尔冲冠希望的球队，分别由两位千胜教练带队，即1155胜的菲尔·杰克逊，1098胜的拉里·布朗。

关于布朗教练，先说两点，首先他是第一位在NCAA与NBA都率队夺冠的主教练，其次波波维奇曾是他的助理教练。从能力到资历，布朗都与一代名帅的地位相匹配。

NCAA注重团队能力，尤其是一战定胜负的"疯狂三月"，而NBA是球星主导的联盟，布朗能够在这两个篮球领域都取得成功，因为他做到了因材施教。在2000—2001赛季，布朗使用阿伦·艾弗森与穆托姆博的搭配，将联盟最强攻击箭头与最强防守盾牌的效用近乎发挥到极致，从东部破关而出，却输给了奥尼尔与科比领军、横扫篮球世界的湖人队。

2003—2004赛季，布朗率领活塞队与湖人队聚首总决赛。这一次，布朗手中没有艾弗森这样的得分王级别的攻击手，但他再次实现了阵容效用最大化，昌西·比卢普斯、理查德·汉密尔顿、泰肖恩·普林斯、拉希德·华莱士、本·华莱士，冷静的控卫，不知疲倦跑动的分卫，防守端全覆盖的小前锋，四号位全能攻击手，五号位防御大闸，"活塞五虎"单拿出来都无法作为冠军队核心使用，但布朗将他们纳入以防守带动进攻的体系中，成功摧毁了拥有奥尼尔、科比、佩顿、卡尔·马龙四星战阵的湖人队，完成了总决赛历史经典爆冷。

NBA历史上总计有10位千胜教练，里克·阿德尔曼以1042胜排名第十。阿德尔曼是一位球员型教练，他了解球员的特点，不拘泥于战术的框架，给球员

拉里·布朗

出生日期： 1940年9月14日

执教球队： 丹佛掘金队、纽约尼克斯队、圣安东尼奥马刺队、洛杉矶快船队、印第安纳步行者队、费城76人队、底特律活塞队、夏洛特山猫队

执教场数： 2002场

执教胜场数： 1098场

主要荣誉 ——

1次NBA总冠军

1次年度最佳教练

2021年入选NBA历史15大主帅

们自由发挥的空间。阿德尔曼的执教风
格，能起到快速提升球队上限的作用，
他担任开拓者队主教练的首个完整赛季
（1989—1990赛季）就把球队带入了总
决赛，第二年打出创队史纪录的63胜，
第三年再次闯入总决赛。

里克·阿德尔曼

出生日期：1946年6月14日
执教球队：波特兰开拓者队、金州勇士队、萨克拉门
托国王队、休斯敦火箭队、明尼苏达森林
狼队

执教场数：1791场
执教胜场数：1042场

担任国王队主教练的首个赛季，阿
德尔曼就把这支连续两年未能进入季后
赛的球队带到西部前八，然后逐渐进步，2001—2002赛季打出61胜，这是国王队队史仅
有的60+胜场赛季，季后赛一路杀到西部决赛，"抢七"惜败给湖人队。阿德尔曼将普林
斯顿体系注入国王队的战术中，令国王队成为当时比赛最具观赏性的球队。

2007—2008赛季，阿德尔曼担任火箭队主帅，在队内两位球星姚明与麦迪都遭遇伤
病困扰的情况下，他带队打出22连胜，再次证明了阿德尔曼作为千胜教练拔高球队上限
的能力。

NBA历史主教练常规赛胜场数前30位

排名	教练	胜场数
1	格雷格·波波维奇	1344
2	唐·尼尔森	1335
3	兰尼·威尔肯斯	1332
4	杰里·斯隆	1221
5	帕特·莱利	1210
6	乔治·卡尔	1175
7	菲尔·杰克逊	1155
8	拉里·布朗	1098
9	道格·里弗斯	1043
10	里克·阿德尔曼	1042

11	比尔·菲奇	944
12	阿诺德·奥尔巴赫	938
13	迪克·莫塔	935
14	杰克·拉姆塞	864
15	里克·卡莱尔	861
16	科顿·菲茨西蒙斯	832
17	吉恩·舒	784
18	内特·麦克米兰	731
19	约翰·麦克劳德	707
20	瑞德·霍尔兹曼	696
21	迈克·德安东尼	672
22	迈克·弗拉特洛	667
23	埃里克·斯波尔斯特拉	660
24	菲利普·桑德斯	654
25	查克·戴利	638
26	道格·莫	628
27	迈克·邓利维	613
28	艾尔·阿特尔斯	557
29	德尔·哈里斯	556
30	斯坦·范甘迪	554

·无敌新帅

2015年至2019年，5座总冠军奖杯，分属于3位教练，史蒂夫·科尔、泰伦·卢与尼克·纳斯。

科尔的职业生涯与冠军相伴，他是公牛队王朝成员，1996年至1998年帮助公牛队夺取三连冠。科尔的运动天赋相对一般，但他拥有精准的投射以及聪慧的篮球头脑。在效

史蒂夫·科尔

出生日期： 1965年9月27日
执教球队： 金州勇士队
执教场数： 629场
执教胜场数： 429场

主要荣誉 ——
3次NBA总冠军
1次年度最佳教练
2021年入选NBA历史15大主帅

力公牛队期间，虽然科尔不是首发，但作为球队轮换阵容中的重要成员做出了很大的贡献。1996—1997赛季总决赛第六场是科尔的经典时刻，他在终场前5秒接到迈克尔·乔丹传球，命中关键一击，将球队推上冠军王座。

科尔离开公牛队后，加盟马刺队再夺两冠。2002—2003赛季西部决赛第六场，马刺队第四节落后独行侠队13分，科尔替补上场两分钟内命中3记三分球，助马刺队大逆转晋级总决赛。马刺队球星罗宾逊坦言："史蒂夫在这个赛季上场时间并不多，但每当他的名字被叫到，他就有能力成为赛场上的巨人。"

球员时期的科尔就开始为未来的执教生涯铺路，他专门准备了笔记本，用来记录教练的战术。代表公牛队与马刺队征战的日子里，科尔得到了近距离向两位名帅菲尔·杰克逊与格雷格·波波维奇学习的机会，积累了丰富的战术知识，同时在如何管理球队、怎样与球员相处方面也储备了经验。

2014年，科尔成为勇士队主教练，他以杰克逊的三角进攻、波波维奇的移动攻击为基础，结合勇士队的阵容配置，设计出充分发挥斯蒂芬·库里、克莱·汤普森与德雷蒙德·格林技术优势的战术系统。与此同时，科尔还打造了类似马刺队的团队文化，简言之就是让球员按照自己最擅长的方式处理比赛。

最典型的例子就是库里，很多球迷包括媒体记者认为库里持球进攻能把他的投篮能力最大化，但库里本人其实更喜欢利用跑动借助掩护来发动进攻，而不是自己大量持球一对一。科尔为库里量身定做了战术，让库里可以按照他喜欢的方式展开攻击，在无球与有球两种模式上根据比赛情况切换，库里能够两获常规赛MVP，与科尔的战术支持密不可分。

科尔掌握了恩师杰克逊调节球员心理的方法，无论是"闷骚"的汤普森、暴躁的格林，还是性格敏感的凯文·杜兰特，都与科尔配合默契，这种人格魅力让科尔成为新一代名帅中的代表。

科尔执教勇士队的第一年就率队夺冠，第二年打出创历史纪录的73胜，第三年与第四年再添两冠，四年三冠创立"勇士王朝"。在这四年中，科尔带领勇士队取得了265

胜63负的战绩，胜率高达81%。NBA有一项很神奇的纪录，那就是作为球员和教练都拿过单赛季70胜，这项纪录属于科尔，仅此一人。

勇士队四年三冠期间唯一的冠军旁落发生在2015—2016赛季，他们在总决赛3∶1领先却被骑士队逆转，那支骑士队的主教练就是泰伦·卢，球迷们喜欢将他称为"卢指导"。

泰伦·卢球员时期最有名的比赛是2000—2001赛季总决赛对位阿伦·艾弗森，他速度快，有干劲，又非常聪明，阅读比赛能力强。赛场上的泰伦·卢勇猛中闪耀着智慧光芒，场外的他被队友们称为"卢·海夫纳"，因为他非常受欢迎，仿佛《花花公子》创始人休·海夫纳那样魅力四射。

泰伦·卢在队内人气高的原因是口才出色，风趣幽默又坦率真诚，无论搭档沙奎尔·奥尼尔、科比·布莱恩特还是迈克尔·乔丹，都与他们相处融洽，这个特质为泰伦·卢开启他的执教生涯起到了非常大的加成作用。

2014年骑士队选帅，泰伦·卢成为大卫·布拉特的助教，布拉特在欧洲执教取得成功，但NBA与欧洲篮球是两种不同的体系，布拉特未能适应NBA的更衣室文化，难以控制勒布朗·詹姆斯等队内球星，这导致他在2015—2016赛季下课，泰伦·卢接管骑士队主帅工作，而就在这个赛季，骑士队获得了队史首冠。

泰伦·卢能够带队夺冠，战术方面的能力自然必不可少。与科尔一样，泰伦·卢在球员时代就有意识地积累战术，在凯尔特人队担任助教期间，他记录并详解了大量的战术资料，令一向爱钻研战术的凯尔特人队球星拉简·隆多也自叹不如。

但是，NBA级别的教练都不乏战术根基，布拉特也是一位战术素养卓越的主帅，泰伦·卢面对的首要问题是团结队内的球星，让骑士队的纸面天赋兑现为冲冠实力。泰伦·卢上任伊始做了两件事：一是说服詹姆斯放弃让凯里·欧文多传球的想法，泰伦·卢认为欧文的强项是进攻，组织还是詹姆斯更擅长。第二件事是泰伦·卢会对詹姆斯直言不讳，当他发现詹姆斯打得不好，或者言行不利于球队团结的时候，会与詹姆斯直接沟通，而不是避而不谈。

泰伦·卢挑战詹姆斯的经典战例是

泰伦·卢

出生日期： 1977年5月3日

执教球队： 克利夫兰骑士队、洛杉矶快船队

执教场数： 365场

执教胜场数： 217场

主要荣誉 ——

1个NBA总冠军

2015—2016赛季总决赛"抢七大战"，骑士队上半场结束时落后勇士队7分，泰伦·卢当面指出詹姆斯上半场未能起到领袖作用："勒布朗，你必须打得更好，打得更疯狂，你要知道自己是球队的领袖，你必须这样做。"

在詹姆斯的职业生涯中，还从未有教练这样和他说话，即便詹姆斯与泰伦·卢交情很好，承受着"抢七大战"重压的詹姆斯还是难以接受教练的指责："你在说什么？你究竟在想什么？你想让我怎么做？"

面对巨星的咄咄逼人，泰伦·卢丝毫不让步："你必须打得更好，你要去防守，你要把握那些投篮机会，去把比赛终结，你还有疑问吗？"

比赛下半场，被泰伦·卢激励的詹姆斯带队完成了翻盘，詹姆斯送出了职业生涯最重要的封盖，被泰伦·卢赋予进攻重任的欧文，则通过教练设计的换位单打战术命中了夺命三分球。

在那场"抢七大战"之前，泰伦·卢还做了一件很特别的事情：他将球队带到了位于勇士队主场20千米的庞德圣昆廷州立监狱。这所监狱关押着许多重刑犯，监狱长介绍其中很多犯人是初次犯罪，但就是一夜之间的错误改变了他们的人生。

泰伦·卢通过这次监狱之行告诉骑士队的球员们：人生可以在一夜之间改变，也许是向坏的方向，但也可能是向好的那一边，就看你怎么做了。

发挥球员强项，交流给予激励，战术上提供支持，心灵上带去触动，这就是泰伦·卢的冠军之道。

科尔执教的勇士队巅峰时期有"宇宙勇"的称号，代表着独孤求败的实力，但就是这样的勇士队，在2018—2019赛季总决赛却未能带走胜利，他们输给了纳斯带领的猛龙队。

与科尔和泰伦·卢相比，纳斯在2018—2019赛季夺冠前名气并不响亮。大学期间纳斯只是一位角色球员，根本没有机会进入NBA打球，他在毕业后先是在大学当助教，后来去了英国执教。纳斯在海外联赛工作了17年，执教过15支不同的球队。

当时纳斯指挥的球队可不是NBA这种各方面条件都极好的高端职业队，比如纳斯在英国的时候，他效力的队伍连工资都做不到足额支付，设施也很差，训练馆是临时搭建的，地板都没有，即便是这种档次的场地，球队使用次数还受限，因为租金支付不足。

那段日子，纳斯四处漂泊，没有固定的合约，甚至每周都要考虑下个星期会去哪里。艰苦的岁月没有抹去纳斯对篮球的热爱，他坚持了下来，不断磨炼自己的执教能力，在回到美国后，从发展联盟教练做起，这一干就是7年，这才得到了担任猛龙队助教的机会，而后在助教岗位锻炼了5年，纳斯终于成为猛龙队的主教练，此时他已经51岁了。

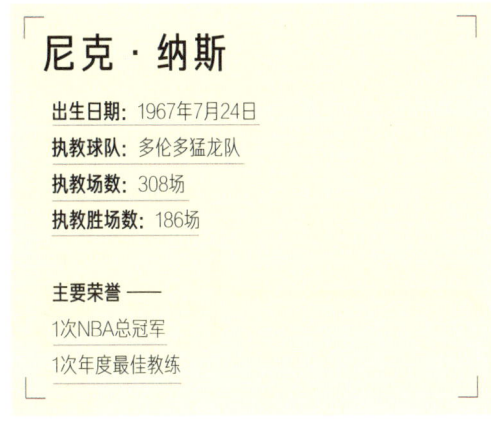

尼克·纳斯

出生日期： 1967年7月24日
执教球队： 多伦多猛龙队
执教场数： 308场
执教胜场数： 186场

主要荣誉 ——
1次NBA总冠军
1次年度最佳教练

2018—2019赛季是纳斯作为主帅执教猛龙队的第一年，也是队史最辉煌的一年。猛龙队在常规赛拿到58胜，位列东部第二，他们的进攻与防守效率都进入了联盟前五。猛龙队在季后赛中先后淘汰了魔术队、76人队以及常规赛联盟第一的雄鹿队，与之前两个赛季连夺总冠军的勇士队会师总决赛。

勇士队在2018—2019赛季季后赛受到了杜兰特受伤的影响，但整体实力依旧强劲。纳斯根据勇士队的打法特点，有的放矢进行了战术设计，尤其是大胆采用了"Box-1"（盯人+区域联防），围剿勇士队当家球星库里。猛龙队以总比分4：2击败勇士队，拿到了队史第一座总冠军奖杯，纳斯登上了职业篮球之巅。

2019年休赛期，猛龙队球星、2019年总决赛MVP科怀·伦纳德转投快船队，猛龙队因此被看衰，但纳斯在队内最优的秀球员转会的情况下，率领猛龙队打出了53胜、东部第二的佳绩。纳斯的防守体系保障了猛龙队的战绩，他们在2019—2020赛季防守效率联盟第二，纳斯当选年度最佳教练，他成为NBA历史上第三位先带队夺冠、而后拿到最佳教练奖的主帅，之前两位是奥尔巴赫与科尔。

"他非常努力，但也懂得如何让球员们放松。"猛龙队总裁马赛·乌杰里谈到纳斯时说，"他在篮球方面十分有创意，并且能量充沛活力十足，是他为球队奠定了向冠军进发的基调。"

马刺队是如何炼成的？

　　在马刺队的更衣室中，挂着一个相框，里面是一段格言："当一切看起来无济于事的时候，我去看一位石匠敲石头，他连敲了100次，石头依然纹丝不动，但他敲第101次的时候，石头裂为两半。我知道，让石头裂开的并不是那最后一击，而是之前100次的敲击。"

　　所谓的成功，都是厚积薄发，格雷格·波波维奇与他的马刺队就是如此。

　　波波维奇毕业于空军学院，他是校队的队长，也是队内得分王，但空军学院并非篮球名校，波波维奇的运动天赋也不算突出，这两个条件相加，决定了他难以得到进入NBA的机会。

　　既然不能作为球员征战NBA，那么作为教练可以吗？

　　大学毕业后的波波维奇在空军学院担任了6年助教，然后成为波莫纳学院篮球队的主帅，这支球队属于NCAA三级联盟，本身水平就不高，而且还没有运动奖学金，这造成了那些有篮球才华的球员不愿加盟，球队的天赋等级十分有限。

　　波波维奇在波莫纳学院篮球队工作了7年，那段日子对于他的执教体系形成起到了关键作用，用无私的团队协作弥补天赋上的不足，用篮球智商去解读比赛并做出正确的反应，给球员符合自身优势的战术定位，并通过这种定位将球员的潜能挖掘出来。

　　总而言之，执教波莫纳学院的经历，让波波维奇掌握了怎样做才可以将球员与球队放在成功的位置上。

　　1986年带领波莫纳学院获得分区冠军的波波维奇，前往堪萨斯大学担任拉里·布朗的助教。布朗在1988年执掌马刺队教鞭，波波维奇以助手的身份跟随布朗来到圣安东尼奥。四年之后，布朗下课，波波维奇短暂去勇士队工作了两年，随着皮特·霍尔特收购马刺队，波波维奇重新回到这支球队，担任总经理和篮球运营副总裁。1994年至2022年，波波维奇已经连续为马刺队效力了28年。

1996—1997赛季常规赛前18场比赛过后，马刺队只有3胜15负，波波维奇解雇了主教练鲍勃·希尔，自己兼任总经理与主帅。当时那支马刺队饱受伤病困扰，当家球星大卫·罗宾逊因伤只打了6场比赛，队内二号球星肖恩·埃利奥特伤停43场。缺兵少将的马刺队一个赛季打下来只有20胜，比前一年少赢了39场。愤怒的球迷纷纷打电话要求马刺队炒掉波波维奇。

波波维奇的NBA主帅生涯起点很低，但也正因为如此，他接下来抵达的高峰，才会更加不可思议。

1997年选秀乐透抽签，马刺队幸运地获得了状元签，蒂姆·邓肯无疑是状元秀的热门之选，但波波维奇有些担心。与纽约和洛杉矶这些流光溢彩的大都市相比，圣安东尼奥无论商业还是夜生活都不是那么发达，一位名震全美的篮球天才会愿意来吗？

波波维奇亲自去拜访邓肯，两人一起吃饭，一起去海滩游泳。在近距离的交流中，波波维奇发现邓肯与他在性格上非常搭，都是严肃中自带冷幽默，注重脚踏实地，喜欢钻研细节，用最基本最质朴的方式处理比赛，以赢球为第一目标，而不是自己是否打出了华丽的数据。

简言之，邓肯是那种能够支撑起一个篮球体系与更衣室文化的巨星，就要看有没有人能够给他提供相匹配的环境。在1997年的夏天，邓肯遇到了波波维奇，一段伟大的师徒传奇开始了。

从1997年到2016年，邓肯一直是马刺队的基石，而波波维奇围绕着邓肯打造了一支气质独特的战队，他们通过覆盖全球的人才探索，得到了托尼·帕克与马努·吉诺比利，一位是风驰电掣的控卫，一位是天马行空的分卫。波波维奇起初以邓肯与大卫·罗宾逊的"双塔组合"为战术轴心，在罗宾逊退役后，平稳过渡到邓肯、帕克与吉诺比利的"GDP"时代，在"GDP组合"开始步入生涯后期的时候，波波维奇又成功培养了科怀·伦纳德。马刺队在1999年、2003年、2005年、2007年与2014年夺冠，前三次都是邓肯当选总决赛MVP，后两次则是帕克与伦纳德获奖，波波维奇带领着马刺队实现了战术核心的稳妥迁移，保证着球队的战绩常青。

战术核心的传递，伴随着战术的不断刷新，从"双塔时期"的低位阵地战，到"GDP"时代的快慢相济，再到以伦纳德为主导的局部单打结合人动球动的传切协作，波波维奇根据时代的变化，积极思变，调整着马刺队的打法，他从不是潮流的追随者，而是开创者。

波波维奇执教的马刺队常规赛获胜1325场，季后赛夺取170场胜利，都是历史第三。波波维奇带队连续18个赛季胜场50+，连续22个赛季闯入季后赛，这些都是NBA的纪录。在马刺队连续22年杀进季后赛期间，NBA发生了247次教练更换，而波波维奇一直坚守马刺队帅位。

波波维奇不仅为马刺队创立了球星养成体系，推动着战术演变，还打造了独一无二的球队文化。这支球队是真正的团队，每位成员都有明确的角色定位，没有所谓的特权球星，没有超越队友的球权吞噬者，而是肝胆相照团结一心，为了胜利而战。

马刺队的球员来自五湖四海，他们是篮球领域的国际纵队，球员的文化背景不同，成长环境各异，但都在马刺队找到了归属感，成为球队争取胜利的一个重要环节。一支球队能够在22年的时间跨度内，在竞争激烈的西部，与季后赛从不失约，团队文化的推动力必不可少，而这个文化的开创者就是波波维奇。

波波维奇指挥的马刺队并非没有经历失败，比如2012—2013赛季的总决赛，马刺队在总比分3：2领先、第六场前三节战罢拥有10分优势的情况下，被热火队大逆转，最终"抢七大战"落败痛失冠军。那次惨痛的失利极大地打击了球队士气，即便稳如泰山的邓肯也在输球后躺在更衣室的地板上沮丧到不愿起身。

当球队被失败的痛苦所折磨，波波维奇却亲自前往餐厅，按照球员们的喜好，为大家点好了菜，还准备了葡萄酒。波波维奇邀请全队以及家属共同聚餐，大家围坐在一起，波波维奇在中间，他拿起酒杯，很真诚地对弟子们说：

"我爱你们，我知道这次的失利对你们的打击有多大，但相信我，只要我们这个大家庭团结在一起，我们会重新杀回来的，该吃吃该喝喝，失望懊悔是没用的，让我们吃饱喝足后去努力工作，将失去的夺回来。"

一年之后，马刺队在总决赛只用5场就击败了热火队，完成了酣畅淋漓的复仇。在那个系列赛中，身体遭受伤病影响的邓肯，将进攻大权交给帕克与更年轻的伦纳德，承担起防守重任，吉诺比利与帕蒂·米尔斯负责替补输出，丹尼·格林提供三分火力，而鲍里斯·迪奥成为奇兵。

米尔斯来自澳大利亚，是2009年的55号秀，NBA生涯前两年在开拓者队只是龙套球员，加盟马刺队后在波波维奇的体系中找到了最适合自己的位置。格林是2009年46号秀，曾遭球队裁员，曾打过发展联盟，他也在波波维奇的球队获得了机会。

迪奥，曾拥有篮坛"法国魔术师"的美誉，但在加盟马刺队之前，因为饮食上的不自律，体形严重走样，NBA生涯眼看就要走到尽头，却在马刺队迎来了复兴。2013—2014赛季总决赛前两场，马刺队与热火队1∶1战平，波波维奇在第三场变阵，将迪奥放入首发。迪奥不负恩师希望，凭借全能的身手，彻底激活了马刺队的"多传一次球，创造更好的投篮机会"的体系。马刺队取得三连胜，3场比赛场均赢热火队19分。

对热火队的胜利，是马刺队从战术设计到队内文化的全面压制，他们的纸面天赋不及对手，但他们用正确的方式打出了最纯粹的篮球。在总冠军颁奖典礼上，NBA总裁亚当·萧华为冠军队送上了评语，或许是对波波维奇为马刺队所做的贡献最客观的评价：

"圣安东尼奥马刺队，你们展示了篮球最美好的风景。"

超级战队

每一位球迷心中都有自己最喜欢的球队，爱上的理由更是各种各样，连胜、逆转、冠军、王者之师，书写了NBA历史的是这些超级战队、王者之师，书写了NBA历史的无数辉煌！

战无不胜

湖人队 33 连胜

在1971—1972赛季开始前，湖人队老板杰克·库克炒掉了主教练乔·穆兰尼，将球队教鞭交到比尔·沙曼手中。这个决定，在洛杉矶体育界引发了轩然大波。

库克想干什么，为何要让一位凯尔特人队前球员执教湖人队，难道他不知道"紫金军团"与"绿衫军"是死敌？

库克当然清楚湖人队与"绿衫军"的往日仇恨，但他更明白湖人队想迎来蜕变就要不拘一格。湖人队自1960年搬到洛杉矶后再也没能品尝总冠军的滋味，7次闯入总决赛均以失败告终，湖人队三巨头威尔特·张伯伦、杰里·韦斯特与埃尔金·贝勒都在走向衰老，他们必须痛定思变。

沙曼成为湖人队主帅后，公布了两项决定，其一是比赛日上午投篮训练，这是沙曼球员时代养成的习惯，他发现这样做有利于增强投篮肌肉记忆与信心。沙曼一度担心队内球星会反对，但他很快发现自己多虑了。

"经理告诉我，威尔特或许不愿意参加。"沙曼说，"我在赛季开始前与威尔特共进午餐，他告诉我：'比尔，我不喜欢早起，但如果你认为这对球队有利，我会照做。'"

沙曼的第二项决定是全队一起观看比赛录像，这在当时的NBA还是前所未有的，球员出身的沙曼认为教练应该与队员共同分析场上的情况，这样才能得出准确的判断。

通过训练强化投篮，通过分析创建体系，沙曼为湖人队确立了防守反击、提速快攻的打法，他说服张伯伦专注于篮下防御、保护篮板与发动长传，将开火权集中到盖尔·古德里奇与韦斯特的后场组合，打出速度篮球。

1971—1972赛季常规赛前九场，湖人队6胜3负，沙曼发现饱受膝盖和跟腱伤势困扰的贝勒运动能力衰退得十分严重，已经跟不上球队的节奏。沙曼决定让贝勒打替补，将首发位置交给年轻的吉姆·麦克米兰，沮丧的贝勒决定退役。

1971年11月5日，湖人队赛季第10场球，贝勒退役后的首战，湖人队在主场以110∶106击败巴尔的摩子弹队。古德里奇31分，韦斯特19分，麦克米兰22分、13个篮板，张伯伦12分、25个篮板。从这场比赛开始，直至1972年1月7日湖人队在客场134：90大胜老鹰队，湖人队打出了荡气回肠的33连胜，创造了NBA历史连胜纪录，同时也是北美四大职业体育联盟最长连胜纪录。

33连胜包括17个主场和16个客场，湖人队在33连胜期间场均胜出对手17分。33场比赛中，湖人队有23场以两位数分差取胜，其中8场差距达到20+。

NBA创立至今，1971—1972赛季的湖人队是唯一打出30+连胜场次的球队，即便将跨赛季的连胜计算在内，也没有其他球队能够将连战连捷的场次提升到30场的高度。湖人队的33连胜终结于1972年1月9日，他们在客场以104：120不敌雄鹿队。湖人队最终取得了69胜13负的常规赛战绩，并夺取总冠军，这是他们搬到洛杉矶后首次加冕。

"我们创造的33连胜将是一项牢不可破的纪录，我相信不会有球队能够将它刷新。"麦克米兰坦言。

热火队 27 连胜

2012—2013赛季的热火队上下一心众志成城冲击两连冠，詹姆斯正处于职业生涯最好的阶段，那是他身体、技术与意志力结合得最好的一年。奋力争胜的热火队，遇到巅峰璀璨的詹姆斯，连胜狂潮就此诞生。

2013年2月3日，热火队在客场以100：85击败猛龙队，詹姆斯、韦德与波什合砍81分。热火队开启高歌猛进的征程，到2013年3月25日热火队客场108：94打败魔术队，热火队豪取27连胜，这是NBA历史上非跨赛季第二长连胜。

热火队27连胜中有14个主场、13个客场，其中17场比赛以两位数分差获胜，7场比赛逆转两位数劣势反败为胜。27连胜的热火队以百回合114.9分的进攻效率领跑全联盟，投篮命中率50.8%也是联盟最佳，詹姆斯场均贡献27分、8.1个篮板、8次助攻，投篮命中率达到57.5%，韦德场均22.8分，投篮命中率53.6%。

27连胜并非一帆风顺，2013年3月6日对主场的魔术队一战，热火队在终场前3.2秒还落后一分，詹姆斯上篮绝杀带领球队涉险过关。3月18日，热火队在波士顿遭遇劲敌凯尔特人队，热火队在第二节一度落后17分之多，热火队奋起直追，两队在第四节还剩

1分21秒时打平，詹姆斯关键时刻中投得手，令热火队最终以105∶103成功翻盘，詹姆斯全场比赛得到37分、7个篮板、12次助攻。

3月30日热火队客场与詹姆斯老东家骑士队交锋，在第三节结束前7分44秒落后骑士队27分，詹姆斯率队轰出58∶28的反击高潮，完成大逆转，将连胜场次扩展到24场，詹姆斯交出25分、12个篮板、10次助攻的三双成绩单。

热火队的27连胜在2013年3月27日画上句号，他们在客场以97∶101不敌公牛队，尽管詹姆斯得到了32分。

"这是写入联盟历史的连胜，我们之前还没有机会好好品味球队取得的这一成就。"詹姆斯说，"我们非常幸运能够作为球队的一员参与到这次的连胜中，我们要保持谦逊继续前行。"

热火队在2012—2013赛季常规赛战绩锁定在66胜16负，季后赛连过四关成功卫冕，詹姆斯包揽常规赛与总决赛MVP。

火箭队 22 连胜

　　1971—1972赛季的湖人队与2012—2013赛季的热火队，他们的连胜是实力到位后的水到渠成，而2007—2008赛季的火箭队打出22连胜，则是奋进式地逆流而上。

　　那个赛季的火箭队，在开局阶段承受着换帅后的阵痛，新帅里克·阿德尔曼与前任主教练杰夫·范甘迪的执教风格完全不同，范甘迪是事无巨细，而阿德尔曼更喜欢随机应变。火箭队球员习惯了范甘迪的细致入微，有些不适应阿德尔曼的抓大放小，结果就是赛季开始没多久就遭遇一波六连败。

　　面对球队松松垮垮的状态，姚明非常不满，他公开提出了批评："我觉得自己被交易到了另一支球队，这支火箭队我已经不认识了。球队现在是一盘散沙，与上赛季相比判若两队。这不是比赛发挥的问题，不是战术的问题，就是我们不团结，我们的思想状态不对，我们的紧张程度不够。"

　　作为球队领袖的姚明，用怒骂的方式唤醒了队友们的斗志，随着火箭队众将逐步融入阿德尔曼的体系中，他们因之前连败凝结的愤怒，如火山爆发般喷涌而出。

　　2008年1月29日，火箭队在主场以111∶107力擒勇士队，姚明砍下36分、19个篮板。以这场比赛为起点，火箭队踏上了攻无不克的连胜旅程，2月24日，火箭队主场110∶97击退公牛队，这是火箭队连续赢下的第12场比赛，正是在这场比赛结束后，姚明在检查中发现左脚踝骨裂。姚明的脚在之前就已经出现不适，他吃止痛药坚持上场，脚伤加重导致赛季报销，这如同给连胜路上的火箭队迎头浇了一盆冷水。

　　姚明倒下了，麦迪扛起了球队。麦迪在2007—2008赛季身体状态不佳，背伤、肩伤与膝伤一起向他袭来，常规赛打打停停，甚至引发了球队内部质疑，有说法称麦迪"小伤大养、慵懒成性"。

　　然而，就是多处带伤却被批评乃至嘲讽笼罩的麦迪，在姚明伤停后带队继续前进，火箭队连拿10场胜利，将连胜扩展到22场。姚明伤停后的10连胜期间，麦迪场均贡献24.3分、5.6个篮板、5.3次助攻，拉夫·阿尔斯通场均17.3分、5.3次助攻，卡尔·兰德里场均13.8分、5个篮板，路易斯·斯科拉场均12.3分、7.9个篮板，肖恩·巴蒂尔则有场均11.8分的贡献，火箭队在进攻端打出了优质的团队篮球表现，姚明受伤后的10连胜中场均胜出对手15分。

　　火箭队的22连胜不仅仅来自齐心协力的进攻，更是来自团结一心的防守。当时已经

　　42岁的穆托姆博弥补姚明伤停留下的空缺，与年轻的兰德里、查克·海耶斯共同支撑起火箭队的禁区防线，巴蒂尔领衔外线防御，火箭队在22连胜期间有19场比赛没有让对手得分过百，场均只丢88分，将对方的命中率压制到40.9%。

　　火箭队连胜的脚步在2008年3月18日终止，他们在主场以74∶94不敌凯尔特人队。在22连胜之前，火箭队只位列西部第十。22连胜完成时，火箭队来到西部第一。虽然火箭队最终常规赛战绩锁定在55胜27负位列西部第三，季后赛首轮就被爵士队淘汰，但22连胜的丰碑永远仁立在NBA的历史上。姚明伤退，麦迪伤痕累累，阵容名单中老的老小的小，没有一位正值巅峰的球星，却能够突破困境连奏凯歌，完美诠释了"德州小强"的品质。

　　"我们知道，回顾这段旅程时，那是篮球乃至体育历史上最奇妙的征途之一。"巴蒂尔说，"当姚明、麦迪身体健康时，我们是一支优秀的球队，但遗憾的是，我们未能避免伤病，22连胜期间的火箭阵容是七拼八凑组合而成的，但我们依旧完成了那段非凡的连胜，那是属于我们的总冠军。"

勇士队 24 连胜

勇士队在2014—2015赛季夺取了球队自1975年以来的首个总冠军，夺冠往往是一把双刃剑，那是全队奋斗的辉煌成果，但也会带来自负自满的情绪，导致内部出现矛盾。"杀死总冠军的就是总冠军自己"，这种情况在NBA并不少见。

幸运的是，勇士队没有遇到这样复杂的状况，在休赛期续签德雷蒙德·格林后，勇士队保留了夺冠的核心阵容。勇士队当家球星斯蒂芬·库里并没有躺在夺冠的功劳簿上，他在2015年休赛期展开特训，除了常规的训练项目外，还引入了"频闪练习"等融入高新科技的训练内容，进一步提升自己的赛场战力。

唯一令勇士队担心的是主教练史蒂夫·科尔腰椎间盘突出的问题恶化，先后接受了两次手术，赛季初期无法执教，助教卢克·沃顿担任临时主帅。

2015年10月27日，勇士队在主场对垒鹈鹕队，这场比赛是冠军之夜，勇士队升起冠军旗并颁发总冠军戒指。库里砍下40分，带领勇士队以111：95击败鹈鹕队，波澜壮阔的开季连胜就此启动。

赛季第三场，勇士队再次遭遇鹈鹕队，这一次库里轰下53分，勇士队以134：120客场告捷。勇士队在库里的带领下迅猛推进，胜利滚滚而来。2015年11月24日，勇士队在主场以111：77大胜湖人队，勇士队以16胜0负的战绩打破了NBA历史开季连胜纪录。

2015年12月5日，勇士队在客场112：109战胜猛龙队，库里杀下44分，刷新美国职业体育历史赛季开局连胜纪录。12月11日，勇士队在客场通过双加时以124：119赢下凯尔特人队，勇士队完成24连胜，将2014—2015赛季常规赛收尾阶段的4连胜计算在内，勇士队跨赛季28连胜。

勇士队赛季开篇24连胜终止于2015年12月12日，勇士队在客场以95：108输给雄鹿队。这个挫折并没有影响勇士队狂飙突进，2016年2月22日，勇士队在客场以102：92击败老鹰队，勇士队成为NBA历史上拿到50胜最快的球队，他们只用了55场比赛。

2016年4月7日，勇士队主场112：101力拔马刺队，勇士队成为NBA历史上第二支单赛季获得70胜的球队。2016年4月13日，勇士队达成神迹，他们在主场以125：104猎杀了灰熊队，勇士队将他们在2015—2016赛季常规赛的战绩锁定为73胜9负，打破了公牛队在1995—1996赛季创造的72胜10负纪录。

科尔曾作为公牛队球员亲历72胜赛季，而他现在指挥勇士队创造了新的历史。"我曾经告诉球员们，72胜的纪录是无法打破的，现在证明我错了。"科尔说。

球队在缔造传奇，库里也在迎接巅峰，他在2015—2016赛季场均得到30.1分、5.4个篮板、6.7次助攻、2.1次抢断，成为联盟得分王与抢断王，总计投进402记三分球，成为NBA历史上唯一单赛季三分命中数达到400+的球员。在2015—2016赛季常规赛MVP票选中，库里成为NBA历史上首位全票当选的球员。

马刺队连续 22 年进入季后赛

1996—1997赛季的马刺队饱受伤病困扰，只赢了20场球，这是队史上的低谷，也是崛起的契机。马刺队获得了1997年选秀状元签，选中了蒂姆·邓肯，一个神话般的常青时代开始了。

1997—1998赛季，马刺队在邓肯的带领下赢下56场比赛，获胜场次比上赛季提升36场，马刺队重返季后赛。从1997—1998赛季开始，直至2018—2019赛季，马刺队连续22个赛季闯入季后赛，追平了76人队保持的NBA历史纪录（76人队曾在1945—1950赛季至1970—1971赛季之间连续22个赛季进入季后赛）。

在这22个赛季中，马刺队总计取得了1228场常规赛胜利，是该时段获胜场次最多的球队，比第二名独行侠队多赢了221场。22个赛季连进季后赛期间，马刺队总计有19个赛季常规赛获胜场次达到50场或以上，其中6个赛季获胜场次60+，22个赛季平均常规赛赢球场次为56场。1999—2000赛季至2016—2017赛季，马刺队连续18年常规赛胜利场次50+，创NBA历史纪录。

22年连进季后赛的征程，不仅仅是常规赛的成功，也是季后赛的辉煌。马刺队在此期间总计打了284场季后赛，是该时段参加季后赛场次最多的球队，除了马刺队之外，只有湖人队在那22个赛季季后赛场次达到200+（218场）。在284场季后赛中，马刺队赢下了其中的170场，是22个赛季中季后赛获胜场次最多的球队。除了马刺队之外，在22个赛季中，甚至没有其他球队季后赛赢球场次能达到140场。

马刺队在22个赛季中5次夺取总冠军，横跨了三个历史时期，20世纪90年代（1998—1999赛季总冠军）、21世纪第一个十年（2002—2003赛季、2004—2005赛季与2006—2007赛季总冠军）、21世纪第二个十年（2013—2014赛季总冠军）。

马刺队的成功是个人能力与团队文化相结合的完美典范，22个赛季连进季后赛开始于邓肯的加盟。邓肯在马刺队效力19年，获得2次常规赛MVP，3次总决赛MVP，15次入选全明星，15次入选最佳阵容，15次入选最佳防守阵容，常规赛战绩1072胜438负，胜率达到71%，是那19年中美国四大职业体育联盟的最高胜率。

邓肯是马刺队的基石，马刺队以邓肯为基础，通过引领联盟潮流的球探工作，深挖国际球员资源，得到了马努·吉诺比利与托尼·帕克，打造了"GDP组合"，三位球星在合作的14个赛季中，联手赢了575场常规赛和126场季后赛，成为NBA历史上赢球最多的三人组。

在球队建设过程中，马刺队还成功发掘了丹尼·格林与米尔斯等起初并不引人关注，却符合马刺队战术要求，融入球队体系发光发热的优质角色球员。让球员处于可以取得成功的位置，这就是马刺队成功的秘诀，球员的弱点可以在马刺队被掩盖，而他们的优势可以得到最大限度的发挥，这才成就了22个赛季的长盛不衰。

逆转神迹

NBA 历史第四节最大逆转

落后20+分逆转很难，如果恰好还是在第四节呢？这就是雄鹿队在1977年11月25日与老鹰队之战中面对的情况，近乎是一个死局。

这场比赛是老鹰队主场，老鹰队在首节以35：22领先13分，雄鹿队在第二节缩小了分差，上半场战罢落后老鹰队9分。第三节老鹰队攻势凶猛，单节拿下40分，越战越勇的老鹰队在第四节还剩8分43秒时，以111：82领先雄鹿队29分之多。

不到9分钟的时间追29分，这可能吗？雄鹿队的回答是"可以"。

在朱尼奥·布里奇曼的带领下，雄鹿队在这不足9分钟的时间内，完成了不可思议的35：4攻击波，最终以117：115抹掉了29分的差距，实现了令人难以置信的末节大翻盘，创造了NBA历史上第四节逆转最大分差纪录。

NBA 历史最大逆转

1996年11月27日，爵士队在主场对垒掘金队，爵士队在这场比赛之前打出七连胜，士气正盛，而掘金队此役之前5战4负，看上去爵士队赢下这一战如探囊取物。

可是，比赛的进程却让爵士队主场的球迷大吃一惊，掘金队在上半场得到70分，投篮命中率达到73%，戴尔·埃利斯、布莱恩特·斯蒂奇、安东尼奥·麦克戴斯半场合砍46分，而爵士队在前两节全队才得到36分，已经被掘金队拉开34分的差距。

掘金队的领先优势在第三节一度拉大到36分，在这场比赛之前，NBA历史最大分差逆转是29分，也就是说还从未有球队能够从落后超过30+分的大坑中爬出来。

爵士队可以吗？

36分的差距，对于这场比赛中的爵士队，仿佛揭掉了笼罩在他们身上攻不进、守不住的魔咒，激活了这支铁血之师的能量。卡尔·马龙首当其冲，他在第三节9投6中拿到15分，爵士队这一节收获36分。重新找回进攻感觉的爵士队，在防守端"冰封"对手，掘金队第三节命中率仅为15.4%，只得到15分。

爵士队在第四节穷追猛打，替补后卫克里斯·莫里斯单节4投4中贡献10分，爵士队夺取35分，而掘金队只有18分。整个下半场，爵士队以61%的命中率攻下71分，马龙全场比赛得分31分中有21分来自下半场，杰夫·霍纳塞克下半场交出16分的数据，爵士队半场以71：33极限翻转，总分107：103完成NBA历史最大翻盘。

火箭队惊世翻盘

2014—2015赛季西部半决赛，火箭队在前四场战罢1：3落后命悬一线。詹姆斯·哈登在第五场打出26分、11个篮板、10次助攻的三双数据，火箭队六人得分上双，以124：103击沉快船队追回一局。

渴望趁势追击的火箭队，却在第六场落入绝境，他们在第三节结束前3分钟落后快船队19分，而且还是在快船队主场，这个系列赛看上去已经胜负分明。

然而，奇迹就在此时发生了。

火箭队在接下来的比赛时间内打了快船队一个51：20冲击波，球队主教练凯文·麦克海尔兵行险招，他在第四节将哈登放在板凳上，让约什·史密斯与科里·布鲁尔掌控比赛，火箭队进入全力防守、疯狂提速、锐利反击的节奏中。

在第四节中，史密斯5投4中贡献14分，布鲁尔8投5中拿到15分，火箭队这一节轰下40分，而快船队单节仅入账15分，投篮命中率18.2%，火箭队以119：107绝地逆袭，将系列赛带入"抢七大战"。

"我们的球员扛住了巨大的压力，坚持拼搏，没有放弃，在防守端全力以赴，在进攻端相互支持，他们相信自己可以做到。"麦克海尔说。

第六场的惊世翻盘让火箭队信心满满，兑现到第七场就是摧枯拉朽之势。前三节结束时已经拉开17分的差距，快船队斗志崩溃再无还手之力，火箭队113：100赢下"抢

七"，走出1∶3的深渊，昂首晋级。

　　"这是巨大的信心加成。"在"抢七大战"中得到31分的哈登说，"历史中只有少数几支球队能够做到，我们从逆境中杀了回来，连续打赢了三场艰难的比赛。"

骑士队总决赛史诗逆转

　　在2015—2016赛季季后赛开始前，骑士队主教练泰伦·卢准备了一套总冠军拼图，图案是冠军奖杯,由16块组成,每一块代表着一场季后赛的胜利。

当2015—2016赛季总决赛开战时,骑士队的冠军拼图上已经装上了12块,只要再赢4场,他们就将完成队史上首次夺冠之旅。但系列赛的进展,很快让骑士队感到如临深渊般的压力。

总决赛第一场,骑士队很好地限制了勇士队的"水花兄弟",斯蒂芬·库里与克莱·汤普森总计得到20分,但勇士队证明了他们为什么能在常规赛豪取73胜,在肖恩·利文斯顿的带领下,勇士队替补球员拿到45分,而骑士队板凳得分只有10分。凭借着强劲的团队火力,勇士队以104∶89拿下胜利,总比分1∶0领先。

第二场,库里和汤普森的得分仍不高,合计35分,但勇士队火力点均衡,在贡献28分的德雷蒙德·格林的带领下,勇士队以54.3%的命中率轰下110分,而骑士队的命中率只有35.4%。77∶110,骑士队再度败北,两场比赛合计输了48分,这是总决赛系列赛前两战的分差纪录,骑士队输得灰头土脸,湾区的篮球记者笑称总决赛的强度太差,还不如之前的西部决赛精彩。

令骑士队雪上加霜的是,凯文·乐福在第二场中被勇士队的哈里森·巴恩斯肘击头部,出现脑震荡症状,将缺席第三场,虽然骑士队回到主场,但他们已是背水一战,如果再输就将进入0∶3落后的死局。

骑士队0∶2落后的局面,让他们的球星饱受质疑,尤其是凯里·欧文,他在前两场总计只送出5次助攻,沉迷于单打独斗的老毛病又犯了,媒体和球迷开始呼吁骑士队让欧文打替补,也许他作为板凳尖刀可以更好地发挥单挑实力,但泰伦·卢对于这些建议不屑一顾,他找到了欧文,给出了这样的建议:"凯里,你听着,不要管外面的人怎么说,我的要求是你要坚决发起进攻,我不管你传了多少次球,我只是希望你不要犹豫。"

破釜沉舟,这就是骑士队的态度。在第三场开始前,勒布朗·詹姆斯将队友们召集到身边吼道:"看着你们眼前的这个男人,做好你的工作,跟随我的领导!"詹姆斯以身作则,砍下32分、11个篮板、6次助攻,欧文打得更加果断,交出30分、8次助攻的成绩单,骑士队在主场以120∶90大胜勇士队扳回一局。

然而,骑士队在第四场未能延续第三场的势头,勇士队通过高效率的换防,阻止了骑士队的进攻,库里找回了全票MVP的水准,投进7记三分球,独取38分,勇士队以108∶97取得胜利,总比分3∶1拿到夺冠赛点。在此之前,NBA总决赛历史上从未发生1∶3落后翻盘的情况,这意味着骑士队已经走入绝境。

但是,第四场临近结束时发生的一件事,却让系列赛的走势产生了微妙的变化。格林在与库里做挡拆配合时，和詹姆斯发生身体推搡，格林倒在地上，詹姆斯从格林身上跨了过去。詹姆斯赛后表示他只是想尽快回到比赛中，而格林觉得这是对他的侮辱，格林失去了理智，一边喷着不堪入耳的脏话，一边击打了詹姆斯的腹股沟。

联盟在看过比赛录像后，追加格林恶意犯规，这是格林在2015—2016赛季季后赛第三次恶意犯规，按照联盟的规定，他被禁赛一场，不能参加总决赛第五场。第四场结束后，詹姆斯回到家的时候已是深夜，他通过手机给队友群发了短信："我们出发，跟随我的领导，我保证将系列赛带回克利夫兰。"

第五场在勇士队主场进行，甲骨文球馆的工作人员在赛前已经排练了夺冠庆典，但詹姆斯与欧文让勇士队的这些准备成为无用功。詹姆斯41分、16个篮板、7次助攻，欧文41分、6次助攻，骑士队112：97击败勇士队，詹姆斯兑现承诺将系列赛带回了克利夫兰。

泰伦·卢在赛后做了一件让全队感到奇异又兴奋的事，他向每个人要了100美元，总计5300美元，装入一个信封放在客队更衣室的天花板内。

"我们会打回来，在这里打第七场。然后，带走我们的钱和冠军奖杯。"泰伦·卢说。

虽然勇士队在第六场迎回了格林，但他们的首发中锋安德鲁·博古特在第五场膝盖受伤赛季报销。詹姆斯得到41分、8个篮板、11次助攻，骑士队115：101再下一城，总比分3：3。

第七场是必会是一场生死战。

2016年6月19日，骑士队队史上最重要的一天，也是写入NBA历史的经典比赛日。骑士队、勇士队"抢七之战"，这是一场绞肉机式的厮杀，终场前1分50秒，两队战成89：89，欧文投篮不中，勇士队发动快攻，安德烈·伊戈达拉冲到禁区上篮出手，如果这一球打进，勇士队将取得领先。

电光石火之间，詹姆斯已经追到了篮下，飞身而起将伊戈达拉的上篮封盖，这次盖帽被称为"The Block"，是詹姆斯职业生涯、也是克利夫兰体育历史上最璀璨的时刻。

防守成功，但骑士队还需要致命一击。泰伦·卢叫了暂停，詹姆斯指了指欧文。

泰伦·卢布置了名为"喇叭"的战术，这是他的恩师菲尔·杰克逊在关键时刻最喜欢的打法，战术目的是将球交给一对一杀手，并给他制造出单挑良机。

骑士队通过"喇叭"形成换位，让欧文对上库里，欧文在库里面前投中了骑士队历史上最重要的一记三分球，骑士队领先3分。

但是，此时距离比赛结束还有53秒，勇士队仍有机会，他们采取了与骑士队类似

的战术，让库里与乐福形成对位。乐福在2015—2016赛季季后赛饱受外界批评，但在这次防守中，他证明了自己，牢牢跟住库里成功干扰了他的投篮视野，库里的绝平三分球偏出。

詹姆斯在反击中制造了勇士队的犯规，两罚一中将分差拉大到4分，随着库里再一次三分偏出，终场哨声响起。93∶89，骑士队完成了NBA历史上首个总决赛1∶3大逆转，这是克利夫兰52年以来首次拿到职业联赛冠军。

比赛结束，泰伦·卢拿出了拼图，将第十六块放在最后的空白位置上，一座金色的冠军奖杯呈现在骑士队将帅面前。詹姆斯站在拼图边，他的脸上还有眼泪滑过的痕迹："这是我向克利夫兰承诺的，我终于把它带回家了。"

勇士队绝境重生

赛季漫长，连败偶有发生，对于强队来说，出现连败未必是坏事，有时候可以引起警醒，让他们发现不足并取得进步。但是，73胜的勇士队在2015—2016赛季的首次连败，来得似乎不是时候。

2015—2016赛季西部决赛第三场与第四场，勇士队在俄克拉荷马城连吞败仗，不仅仅是他们在那个赛季首次连败，而且还是连续两场以20+的分差输球，总比分1:3落后，已经处于出局的悬崖边缘。

勇士队之所以陷入再输一场就被淘汰的泥沼中，主要有两个原因：一是防守雷霆队双少的效果不佳，凯文·杜兰特在前四战场均28.5分，威斯布鲁克场均27.3分、11.8次助攻；二是勇士队主打"死亡五小"导致篮板吃亏，尤其是第四场，在篮板上以40∶56被雷霆队完爆。

主教练史蒂夫·科尔做出了调整，提升安德鲁·博古特与安德烈·伊戈达拉的上场时间，强化篮板与外线防守，博古特摘下14个篮板，篮板数勇士队45∶45与雷霆队战平，杜兰特与威斯布鲁克虽然合砍71分，但他们出手了59次，投篮命中率只有39%，斯蒂芬·库里拿下31分，带领勇士队在主场以120∶111取胜，将总比分追到2∶3。

当第五场临近结束时，库里面对着主场球迷，激动地吼道："我们不会被淘汰！不

会被淘汰！"

第六场来到俄克拉荷马城，雷霆队似乎就要终结这个系列赛了。他们在第二节建立了13分的领先优势。勇士队需要一位拯救者，克莱·汤普森站了出来，他在前三节投进6记三分球，帮助勇士队避免崩盘，但球队进入第四节的时候，仍落后雷霆队8分。

当第四节就要开始时，库里走到汤普森身边说道："这是属于你的时刻，去尽情表演吧。"

第四节比赛，汤普森打满12分钟，9投6中，三分球6中5，独取19分，他一个人得分比雷霆队全队第四节得分还要多1分，勇士队第四节胜出15分，以108：101完成翻盘。汤普森全场比赛轰下41分，三分球18投11中，创NBA季后赛单场三分球命中数新纪录。

当汤普森在比赛结束后返回更衣室时，激动万分的勇士队老板乔·拉科布跪倒在地向他致敬。勇士队再一次死里逃生，迎来"抢七之战"。

要么赢球，要么回家。科尔将伊戈达拉放入首发，这是2014—2015赛季总决赛MVP在2015—2016赛季第二次先发出场，科尔这样用兵的目的只有一个，那就是尽最大努力给杜兰特制造干扰。

伊戈达拉在这场"抢七战"中打了43分钟，将杜兰特的得分限制到勇士队可以接受的27分，这个数值低于杜兰特在2015—2016赛季季后赛的平均值。库里，2015—2016赛季常规赛的全票MVP，尽管经受着膝伤的困扰，但在一战定胜负的拼斗中，打出了36分、8次助攻，命中7记三分的表现，库里在西部决赛7场比赛中总计投进32记三分，创季后赛七场系列赛三分命中数新高。

96∶88，勇士队在主场取胜，成为NBA历史上第10支季后赛1∶3落后逆转晋级的球队。这个系列赛对于勇士队来说不仅仅是一次大翻盘，他们通过比赛向杜兰特证明了团队篮球的战力有多强，间接促成了杜兰特在2016年休赛期的加盟，所向披靡的"宇宙勇"诞生。

季后赛最大逆转

拥有凯文·杜兰特、斯蒂芬·库里与克莱·汤普森的勇士队，第三节领先无全明星球员的快船队31分，这场比赛还有悬念吗？

或许大多数时候这已是定局，但在2019年4月15日这一天，快船队逆天改命了。

这个系列赛是西部第一与西部第八的较量，勇士队在首场比赛中以121∶104取胜，第二场还是在勇士队主场，库里上半场独取22分，勇士队前两节比赛一共拿到73分，领先快船队23分进入下半场。

第三节结束前7分31秒，杜兰特三分得手，勇士队94∶63领先快船队31分。如此强大的勇士队，如此大的分差，按照常规套路，比赛将走向垃圾时间，但顽强的快船队让这场比赛没有按照常规的路线走。

从落后31分开始到比赛结束总计19分31秒的时间内，快船队以69.2%的命中率狂

轰72分，而公认火力最强的勇士队，在这个时段只得到37分。在这波72：37的翻盘时段，路易斯·威廉姆斯得到26分，蒙特雷斯·哈雷尔得到17分，达尼罗·加里纳利得到10分。

勇士队凭借库里的三分球，在终场前58秒还领先3分，但快船队没有在逆境面前低头，路易斯·威廉姆斯跳投命中，兰德里·沙梅特在第四节仅剩16秒的时候投进关键三分球，快船队实现反超。随着库里远投偏出，勇士队只好采取犯规战术，哈雷尔顶住压力两罚全进，快船队以135：131完成季后赛历史最大逆转，这也是季后赛首次出现分差30+翻盘。

掘金队奇幻征程

2019—2020赛季季后赛征途是掘金队的奇幻之旅，在NBA历史上前所未见。

首轮对决爵士队，掘金队遭到多万诺·米切尔的迎头痛击，这位爵士队球星在系列赛前四场场均狂劈39.5分，爵士队总比分3∶1领先，掘金队距离被淘汰只差一败。

第五场，贾马尔·穆雷勇挑大梁，全场比赛拿下42分，下半场没有休息，两节比赛轰下33分，第四节8投7中取走16分，与全场比赛拿下31分的尼古拉·约基奇联手带队以117∶107追回一局。

丢掉第五场解决系列赛的机会，米切尔很懊恼，他用比赛给出了回应。第六场，米切尔劈落44分，这是他在系列赛6场比赛中第三次得分40+。

但是，爵士队却未能拿下这场球，因为掘金队的穆雷得到50分，在这场凶猛的飙分中占了上风，掘金队119∶107再拿下一局，他们距离成为NBA历史上第12支季后赛1∶3翻盘的球队只差一胜。

第七场，系列赛终结战，这次是约基奇成为终结者，这位身材略显雍肿却有着细腻技巧的中锋，得到了30分、14个篮板、4次助攻，终场前27秒勾手命中令掘金队领先两分。爵士队原本有追平甚至反超的机会，但米切尔失误被断，康利的压哨三分也偏出。

80∶78，掘金队连续第三场高奏凯歌，翻转战局挺进第二轮，他们的对手是被广泛看好与湖人队会师西部决赛的快船队。

西部半决赛的走势，似乎验证着外界的预测，快船队迅速取得3∶1的领先优势，只差一步便迈入西部决赛，而掘金队想要再进一步，则要连续两轮完成1∶3的绝地反杀，这在NBA历史上从未发生过。

以前没有，那就让掘金队来创造吧。

快船队在第五场已经一只手触碰到了西部决赛的地板，他们在第二节将领先优势扩大到16分。掘金队需要一位能够挽救危局的战士，这次不是约基奇，也不是穆雷，而是35岁的保罗·米尔萨普。

米尔萨普在第三节贡献14分，帮助掘金队慢慢追上了比分。第四节决胜关头，穆雷与约基奇连进三分球，掘金队反超快船队8分。快船队以一波6∶0冲击波奋起直追，这次轮到年轻人来终结比赛，22岁的迈克尔·波特命中关键三分，掘金队最终以111∶105拯救了一个赛点。

2019—2020赛季季后赛是在奥兰多复赛园区举行，根据计划，任何被淘汰的球队，会第一时间离开园区。当第六场进行到第三节的时候，掘金队看上去就要整理行李回家了，他们落后了19分，就在"死亡宣判"即将到来时，掘金队又一次"起死回生"。

掘金队在10分钟内轰出一波30∶8的反击高潮，其间掘金队有8名球员得分，展示了团队战斗力，一举实现反超。约基奇全场比赛34分、14个篮板、7次助攻，第四节11分带队单节34∶19压制快船队，以111∶98再度改写比赛剧本，又一次将系列赛带入"抢七大战"。

2020年9月15日，是掘金队主教练迈克·马龙49岁的生日，当天也是西部决赛"抢七大战"比赛日。赛前，约基奇找到马龙教练。

"教练，我给你准备了生日礼物，那就是西部决赛。"约基奇说。

约基奇用16分、22个篮板、13次助攻的三双数据兑现了他的承诺，穆雷则用40分的强劲火力让掘金队乘风破浪，尽管他们在这场"抢七大战"中一度落后12分，但反败为胜对于掘金队来说已是再熟悉不过了，他们在下半场以35∶13的攻势摧毁了快船队。

快船队双子星科怀·伦纳德与保罗·乔治在这场比赛中状态全无，合计38投10中，只得到24分，第四节11投全失，颗粒无收。掘金队以104∶89胜出，成为NBA历史上首支季后赛连续两轮1∶3大翻盘的球队。

马龙教练得到了最好的生日礼物。

冠军荣耀

公牛队首个三连冠

1990年东部决赛，公牛队"抢七大战"中输给活塞队，这是他们连续第三年在季后赛被活塞队淘汰。在输掉第七场后，迈克尔·乔丹坐在球队大巴里伤心落泪，但当记者问他是否考虑离开公牛队时，乔丹答道："我一定会带领球队翻过底特律这座山，如果谁不愿意同舟共济，现在就可以离开，但我不会走。"

乔丹选择坚守，但问题是怎么翻过活塞队这座大山呢？

公牛队主教练菲尔·杰克逊说服乔丹接受三角进攻，这个体系既可以发挥乔丹单打能力强的优势，也能通过移动和传球营造出多点开花的进攻效果，而不是只依赖乔丹。

年轻的斯科特·皮蓬与霍里斯·格兰特逐渐走向成熟，不仅能在进攻端给乔丹分忧，更大的贡献是在防守端，他们都是高度与速度兼备的强悍防守者，与乔丹成为公牛队"围猎"三人组。

公牛队在1990—1991赛季打出61胜，进攻效率联盟第一。公牛队在季后赛前两轮轻取尼克斯队与76人队，与宿敌活塞队在东部决赛重逢。攻防体系已入王道的公牛队，干净利落地横扫活塞队完成复仇。

1990—1991决赛总决赛，公牛队遇到传统豪门湖人队，乔丹PK"魔术师"成为时代的交接。虽然公牛队在首战中憾负，但他们随后连胜四场拿下队史首冠。

对湖人队的系列赛，是公牛队的一次彻底蜕变，乔丹以场均31.2分、6.6个篮板、11.4次助攻、2.8次抢断、1.4次盖帽的全能表现首次拿到总决赛MVP，包揽赛季得分王、常规赛与总决赛MVP。

乔丹从之前对队友缺乏信心，到信赖身边的伙伴，愿意将球交到他们手中。系列赛第五场，公牛队一度陷入被动，乔丹在杰克逊的指挥下，连续通过突分助攻约翰·帕克森投进，那是公牛队团队进攻的华丽篇章。

皮蓬在这个系列赛中开启了历史最佳二当家的角色，不但有场均20.8分、9.4个篮球、6.6次助攻、2.4次抢断的全面发挥，更在防守端承担起对位"魔术师"的重任，这成为公牛队取胜的重要因素。

1990—1991赛季夺冠让公牛队进入王者状态中，他们在1991—1992赛季常规赛豪取67胜，乔丹连续第二年成为常规赛MVP。进入季后赛的公牛队，虽然在东部半决赛遭遇尼克斯队的强势阻击，但经过7场鏖战涉险过关，随后在东部决赛擒杀骑士队，再次闯入总决赛。

公牛队在1991—1992赛季总决赛的对手是开拓者队，这支球队在1984年选秀中拥有榜眼签却没有选择乔丹，理由是他们已经拥有了克莱德·德雷克斯勒。波特兰媒体火上浇油，在系列赛开始前嘲讽乔丹三分球不行。

1991—1992赛季总决赛首战，"三分球不行"的乔丹上半场打了19分钟就砍下35分，半场三分球9投6中，他投进三分后耸肩微笑成为NBA经典镜头。

乔丹在1991—1992赛季总决赛场均35.8分，带领公牛队总比分4：2拿下第二冠，乔丹连续第二年将得分王、常规赛与总决赛MVP收入囊中，公牛队王朝冉冉升起。

两连冠的公牛队不可避免地进入"厌倦期"，他们不但是对手的眼中钉，更是媒体追逐的焦点，尤其乔丹的私生活处于频繁遭到曝光的状态中，他喜欢赌博的问题浮出水面，成为困扰乔丹本人和公牛队的烦心事。

虽然乔丹依旧是得分王，但公牛队在1992—1993赛季常规赛"只"赢了57场，乔丹未能实现常规赛MVP三连庄，他输给了太阳队球星查尔斯·巴克利，而这对公牛队来说并不是一件坏事，因为好胜如狂的乔丹必然要做出回应。

1992—1993赛季总决赛，公牛队与太阳队争冠。巴克利在这个系列赛中证明了他是MVP级别的巨星，场均27分、13个篮板、5.5次助攻，但正如巴克利所言他自己是地球上篮球打得最好的，而乔丹却是外星人。

乔丹场均41分、8.5个篮板、6.3次助攻，投篮命中率51%，创造总决赛场均得分纪录，率领公牛队4：2解决战斗，公牛队三连总冠军，乔丹三连总决赛MVP。

公牛队第二个三连冠

在1992—1993赛季带队完成三连冠霸业后，乔丹因为饱受私生活被曝光之苦，并经历了父亲被歹徒杀害的打击，决定退役。为了实现父亲的心愿，他去打了一年半的棒球比赛。

乔丹在1995年复出，但因为久疏战阵再加上之前的棒球生涯改变了体形，乔丹未能带领公牛队走得更远，他们在东部半决赛输给了东部新贵魔术队，一时间乔丹已难复当年之勇的论调甚嚣尘上。

1995年休赛期，乔丹卧薪尝胆，即便在拍摄《空中大灌篮》期间，他也专门搭建了一个临时球场，确保训练不受影响。公牛队引进了丹尼斯·罗德曼，这位篮板王虽然个性独特，举止与众不同，但篮球智商极高，防守能力卓越，他的到来填补了公牛队篮下防御的漏洞。

1995—1996赛季，乔丹王者归来，带领公牛队拿下72胜，这是NBA历史上首次出现单赛季70胜，公牛队的进攻效率与防守效率都排名联盟第一，杀得篮球江湖一片血红。

公牛队在季后赛继续狂飙突进，前三轮只输了一场，东部决赛横扫了一年前淘汰他们的魔术队。公牛队在总决赛4∶2击败超音速队，乔丹在1995—1996赛季包揽常规赛MVP、全明星赛MVP、总决赛MVP、得分王、最佳阵容一阵、最佳防守阵容一阵，"篮球之神"回归王座。

1996—1997赛季，公牛队获得69胜，依旧是联盟第一，但常规赛MVP却被爵士队的卡尔·马龙拿走，投票者的理由是公牛队比上个赛季少赢了3场，而爵士队64胜创队史纪录，勤勤恳恳的马龙应该得到褒奖。

正如1993年的巴克利一样，马龙很快就在总决赛中体验到了乔丹的复仇。系列赛首战，马龙关键时刻罚球不中，而乔丹压哨绝杀君临天下。

两队在前四场打成2∶2，第五场在爵士队主场进行，乔丹赛前吃了一份神秘的比萨，导致出现了食物中毒的状况。乔丹带病上场，忍受着严重脱水的折磨，出战44分钟砍下38分，命中致命三分带队登上天王山。乔丹在第六场夺取39分，妙传史蒂夫·科尔投中制胜一击，公牛队拿到第五冠，乔丹获得第五个总决赛MVP。

1997—1998赛季成为公牛队王朝的最后之舞，乔丹的最佳队友斯科特·皮蓬遭遇伤病，并与球队管理层关系恶化，主教练菲尔·杰克逊与总经理杰里·克劳斯已是水火不容，公牛队时代将走向尽头，但他们会如何书写结局？

35岁的乔丹，扛起了近乎处于崩溃边缘的公牛队，他再一次实现了从常规赛到季后赛的荣誉全包揽：得分王，最佳阵容一阵，最佳防守阵容一阵，常规赛MVP，全明星MVP，总决赛MVP，乔丹推动着公牛队从阴霾中杀出，再一次登上篮球之巅。

1997—1998赛季总决赛第六场，是公牛队王朝辉煌的终点。著名篮球记者比尔·西蒙斯对于这场比赛有一段经典的描述，简短却足以概括乔丹与他创造的篮球时代：

"1997—1998赛季总决赛第六场，乔丹单枪匹马解决战斗。全队87分，其中45分来自乔丹。终场前40秒落后3分，乔丹开始致命出击，接球突破上篮，然后在防守端断下马龙的球，自己运球完成绝杀，全部动作一气呵成，在此期间没有任何队友碰过球，乔丹攻守一体杀下王冠。"

湖人队紫金王朝

当菲尔·杰克逊在1999年6月正式成为湖人队主教练后，他前往湖人队老板杰里·巴斯的住所，双方对于球队的发展前景进行了交流。

"我希望能再赢一次总冠军。"巴斯坦言。

杰克逊望着老板，笑了笑答道："我认为会是三四次。"

巴斯很惊讶，因为湖人队上一次夺冠已是1988年的事情。这支球队虽然看上去天赋满满，拥有超级中锋沙奎尔·奥尼尔、冉冉升起的青年才俊科比·布莱恩特，但在两人合作的三年中，湖人队连总决赛的地板都没有摸到。

湖人队需要一个人将他们停留在纸面的篮球才华兑现为冠军奖杯，没有人比曾带领公牛队两次夺取三连冠的杰克逊更适合这个角色了。

杰克逊观看了湖人队的比赛录像，他清楚这支球队的问题所在，无论奥尼尔还是科比，都还停留在"我"这个精神层次，而不是"我们"，这种自我的竞技态度，在常规赛问题不大，但进入季后赛一旦遇到困难就容易崩溃。

在1999—2000赛季开始前，杰克逊找到奥尼尔与科比，他表示这支球队的核心是奥尼尔，但奥尼尔想要成功，没有科比的帮助是做不到的，他们两人是组合拳，而不是各自为战。

然后，杰克逊向奥尼尔提出了一个问题："你觉得威尔特·张伯伦职业生涯最非凡的成就是什么？"

奥尼尔想了想答道："是赛季场均50分、25个篮板。"

杰克逊摇了摇头："不，他最了不起的地方是几乎打满了职业生涯的每一场比赛，1961—1962赛季因为加时赛，他的场均出战时间超过48分钟，你觉得自己每场能打40分钟吗？"

1999—2000赛季，奥尼尔场均出战40分钟，场均砍下29.7分、13.6个篮板、3.8次助攻、3次盖帽，科比场均22.5分、6.3个篮板、4.9次助攻，湖人队打出67胜15负的战绩，领跑全联盟，奥尼尔包揽得分王与常规赛MVP。

湖人队在季后赛前两轮先后淘汰了国王队与太阳队，与开拓者队会师西部决赛，湖人队在前四场战罢时总比分3：1领先。就在湖人队距离总决赛近在咫尺的时候，他们遭遇了两连败，被开拓者队追平总比分。

更糟糕的是，湖人队在西部决赛"抢七大战"第四节陷入困境，他们被开拓者队拉开了15分的差距。开拓者队通过挡拆针对奥尼尔不愿跟到外线防守的弱点，一次次击破湖人队的防线，同时在防守端对奥尼尔进行夹击。

杰克逊叫了暂停，将球员们喊到身边。"沙奎尔，你如果真的想拿冠军，你就要扑出去防挡拆。其他人，不要总想着把球给沙奎尔，他们在夹击，大家要一起解决问题，把球投进去。"杰克逊说。

这是湖人队的觉醒时刻，他们在逆境中真正拧成了一股绳。布莱恩·肖与罗伯特·霍里连进三分球，奥尼尔与科比在禁区与中距离不断制造杀伤，湖人队轰出一波23∶4，在终场前1分钟反超4分。

距离比赛结束还有41秒的时候，湖人队历史上最经典的配合之一出现了。科比运球变向撕开了斯科特·皮蓬的防守，开拓者队对科比采取包夹防守，科比没有硬干，而是将球抛向篮筐，奥尼尔高高跃起空接暴扣，这是锁定胜利的一球。

当科比在2020年因直升机事故去世，奥尼尔回忆起两人的峥嵘岁月时，谈到了这次空接协作。"那是我们最美好的记忆。"奥尼尔说。

与惨烈的西部决赛相比，1999—2000赛季总决赛更接近于奥尼尔的单方面碾压，他在对步行者队的系列赛中场均38分、16.7个篮板、2.3次助攻、2.7次盖帽，彻底打爆步行者队禁区防线。

当记者询问奥尼尔："如果你是步行者队球员，怎么防守沙奎尔·奥尼尔？"

这位湖人队中锋答道："我会诈伤，不去打比赛。"

科比在系列赛第二场遭杰伦·罗斯下黑脚，导致脚踝扭伤，他缺席了第三场比赛，湖人队输掉了那场球。第四场，科比请缨带伤出战，奥尼尔6犯离场，科比忍受着脚伤，在加时赛独取8分带队过关。在这场比赛结束后，杰克逊坦言："科比的坚忍让我想起了乔丹。"

2000年6月19日，总决赛第六场，奥尼尔41分、12个篮板、4次盖帽，科比26分、10个篮板、4次助攻，湖人队以116∶111击败步行者队，总比分4∶2夺取总冠军，奥尼尔当选总决赛MVP。

当终场哨响起，科比兴奋地跳进奥尼尔的怀中，他们是冠军了！

乔丹说过，第一冠需要一些运气，而第二冠要拿出更大的本事，因为冠军队最容易从内部被摧毁。2000年休赛期，科比刻苦训练，而奥尼尔吃喝玩乐，等到2000—2001赛季奥尼尔的体形开始严重走样，科比对此颇为不满，两人的关系变差，并且已经不再是更衣室内部问题，而是扩展到利用媒体相互攻击。

内部失和的湖人队在2000—2001赛季常规赛"只"赢了56场，较上个赛季少赢了11场。但是，奥尼尔与科比没有将他们的矛盾带入季后赛，他们知道什么时候可以任性争吵，什么时候应该闭嘴专注于比赛。

当奥尼尔和科比又成为组合拳时，湖人队就能横扫天下。2000—2001赛季季后赛前三轮，湖人队都是零封对手。科比在对马刺队的西部决赛系列赛中场均劈落33.3分、7

个篮板、7次助攻，将马刺队引以为傲的防线撕得粉碎，马刺队主帅波波维奇无奈地表示："我的防守战术对于联盟大多数球员都是有效的，但科比是例外。"

2000—2001决赛总决赛，湖人队遭遇常规赛MVP阿伦·艾弗森领军的76人队，媒体普遍预测湖人队将横扫夺冠，但艾弗森单枪匹马在首战中夺取48分，终结了湖人队在2000—2001赛季季后赛的不败纪录。

艾弗森的神勇打击了湖人队的骄傲，但也让他们放下了连胜的包袱，可以专注于比赛本身。科比在第二场拿下31分，奥尼尔28分、20个篮板、9次助攻、8次盖帽，湖人队追回一局，然后高歌猛进，再也没给76人队机会。

总比分4：1，先失一场的湖人队连扳四局，奥尼尔场均33分、15.8个篮板、4.8次助攻、3.4次盖帽，连续两年捧起总决赛MVP奖杯，科比场均24.6分、7.8个篮板、5.8次助攻，双剑合璧天下无敌。

三连冠是最难的，因为球队内部会出现自满和厌倦的情绪，这样的弊端在2001—2002赛季的湖人队身上体现得很明显，上个赛季的经历让他们觉得即便常规赛松松散散，到了季后赛一样可以连战连捷，这种态度令教练组十分担心。

好消息是奥尼尔与科比的关系比上个赛季融洽了很多，他们知道三连冠意味着什么，并且渴望做到，而且愿意为此做出牺牲。

湖人队在2001—2002赛季季后赛前两轮轻取开拓者队与马刺队，在西部决赛与常规赛排名联盟第一的国王队相遇。系列赛第四场，湖人队凭借霍里的压哨绝杀险胜，避免了1：3落后的危局，但他们输掉了第五场，国王队拿到了晋级赛点。

第六场比赛当天的凌晨，科比给奥尼尔打去了电话。"大家伙，这场比赛我需要你的支持，我们能创造历史。"科比在电话中说。

两位球星在场外相互打气，在场上携手并肩，奥尼尔在第六战交出41分、17个篮板的华丽数据，科比31分、11个篮板，湖人队挽救赛点。"抢七战"奥尼尔35分、13个篮板、4次盖帽，科比30分、10个篮板、7次助攻，湖人队再下一城，闯入总决赛。

2001—2002赛季总决赛，奥尼尔与科比再次联手统治比赛，奥尼尔场均36.3分、12.3个篮板、3.8次助攻、2.8次盖帽，科比场均26.8分、5.8个篮板、5.3次助攻，湖人队4：0横扫篮网队，奥尼尔连续三年当选总决赛MVP，三连冠王朝就此诞生。

活塞五虎夺冠

"我们按照正确的方式打球，努力工作，团结一心。我们没有球星体系，而是终极团队。"当2003—2004赛季总决赛落幕，活塞队总裁乔·杜马斯这样说道。

2003—2004赛季是拉里·布朗执教活塞队的第一年，这支球队的进攻天赋从表面来看并不突出，实际上在2003—2004赛季常规赛，他们没有球员场均得分能达到18分，活塞队的打法是放慢节奏，将比赛带入阵地战，利用单兵对位与协防夹击相结合的防守压制对方的火力，然后用集体协作的方式切割对手的防线。

总而言之，布朗的这支活塞队，打的是传统的、坚忍的、智慧的团队篮球，要知道布朗教练之前指挥的球队是拥有阿伦·艾弗森的76人队，一支将"孤星"打法发挥到极致的队伍。

作为一代名帅，布朗最懂得因材施教。

理查德·汉密尔顿，活塞队的首席得分手，在跑动中接球投射是他的拿手好戏；昌西·比卢普斯，活塞队的进攻大脑，拥有大心脏的关键先生；泰肖恩·普林斯，侧翼防守达人，是活塞队封锁对方明星后卫与前锋的利器；本·华莱士，之前两个赛季连续夺取最佳防守球员奖，活塞队的防守核心，联盟最强悍的内线铁闸。

但是，这支活塞队还不是完整体，他们仍有一个漏洞，缺少一位有身高、有投射、能协助大本防守的球员。

2004年2月19日，活塞队终于等到了最后一块冠军拼图，他们在三方交易中得到了拉希德·华莱士。拉希德因为脾气暴躁获得了"怒吼天尊"的绰号，但其实他技术细腻，攻守兼备，正是活塞队需要的那个人。

拉希德的加入令底特律冲冠之队组建完成，他们在常规赛最后19场比赛中赢了16场。活塞队在季后赛首轮淘汰雄鹿队，东部半决赛与一年前在东部决赛横扫他们的篮网队相遇。活塞队两连胜开局，但随后连输三场。面对出局危机的活塞队，用防守拼出了希望，他们在第六场只让篮网队得到75分，扳回一局。"抢七战"活塞队再现防守威力，篮网队只拿到69分，当家球星杰森·基德8投0中颗粒无收，活塞队连续挽救两个赛点杀退篮网队，然后在东部决赛4∶2击败步行者队，自1989—1990赛季以来首次进入总决赛。

2003—2004赛季总决赛，活塞队的对手是湖人队，那支紫金军团拥有沙奎尔·奥尼

尔、科比·布莱恩特、卡尔·马龙与加里·佩顿的四星战阵。总决赛开始前外界普遍看好湖人队，认为他们能轻松夺冠，但活塞队让整个篮球世界大吃一惊，他们只用了5场比赛就击败了湖人队。

拉希德与大本在内线围剿奥尼尔，普林斯负责缠斗科比，比卢普斯与汉密尔顿利用不断的传切投射一次次惩罚湖人队懒散的防守。在活塞队凶悍又精密的防守下，表面阵容华丽的湖人队场均只有81.8分，投篮命中率仅为41.6%，三分球命中率只有24.7%。

活塞队用无私的团队篮球，打败了湖人队的球星体系，拿到队史第三冠，比卢普斯当选总决赛MVP，"活塞五虎"的威名响彻篮球江湖。

马刺王朝

1997年选秀大会上，摆烂一年的圣安东尼奥马刺队如愿选中了来自维克森林大学的蒂姆·邓肯，波波维奇治下的球队，组成了蒂姆·邓肯与大卫·罗宾逊的双塔，连同随后陆续加入球队的托尼·帕克、马努·吉诺比利、科怀·伦纳德，马刺缔造了绵延20多年的辉煌，他们曾在连续3个奇数年拿到冠军，王朝之师写下无数辉煌。

·1999年首冠 奇数年三连冠

1998—1999赛季是NBA的停摆赛季，常规赛仅仅打了50场。彼时蒂姆·邓肯经过一年的适应，已经完全融入NBA，马刺队打出37胜13负的战绩，位居联盟第一。季后赛首轮，马刺队的对手是凯文·加内特率领的明尼苏达森林狼队。5场3胜制的比赛，马刺队以3:1击败对手。

次轮比赛，马刺队面对拥有奥尼尔和科比坐镇的湖人队，他以4:0轻松横扫。与奥尼尔的对决中，邓肯取得完胜，他场均贡献29分、10.8个篮板、3.3次助攻、2次盖帽和1次抢断，完全统治了系列赛。

横扫湖人队之后，他们在西部决赛迎来了开拓者队，马刺队再度轻松地横扫。总决赛中，马刺队迎战的是以第八名身份过关斩将的纽约尼克斯队，邓肯在总决赛中大发神

威，场均轰下27分、14个篮板、2.4次助攻、2.2次盖帽和1次抢断，帮助球队以4：1轻取对手。

整个季后赛，马刺队仅仅输掉了两场比赛，两轮实现横扫。邓肯凭借统治级的表现，在二年级便斩获总决赛MVP。马刺队迎来队史首个总冠军，王朝自此拉开序幕。

此后的2003年、2005年和2007年，马刺队实现了奇数年的三连冠。包括湖人队、活塞队等在内的强队，都被稳定的马刺队斩落马下。首次闯入总决赛的勒布朗·詹姆斯，更是遭遇马刺队的横扫。

在这期间，来自法国的托尼·帕克成为球队主力控卫，来自阿根廷的马努·吉诺比利则成为球队不可或缺的第六人，这两人携手邓肯组成了马刺队的"基石阵容"，取三人姓氏中的首字母，"GDP组合"统治联盟，他们在奇数年中屡次夺冠，让这支王朝球队显得尤为神奇。

·力阻詹姆斯三连冠　团队篮球巅峰之作

2013—2014赛季总决赛，对于圣安东尼奥马刺队而言，格外特殊。将时钟回拨一年，在2012—2013赛季总决赛上，马刺队几乎拿下了总冠军，2∶3落后的迈阿密热火队，在第6战的主场比赛中濒临输球，部分球迷甚至都开始退场。然而科怀·伦纳德关键时刻两罚一中，雷·阿伦则是送上了追平的旷世三分球，帮助热火队成功续命并在"抢七大战"中夺冠。

因此2013—2014赛季于马刺队全队来说，是誓要复仇的一年。季后赛的征程实际上并不顺利，首轮面对老对手达拉斯独行侠队，他们苦战七局才涉险过关。

但这样的恶战似乎是彻底激发了马刺队的斗志和能力，他们在次轮4∶1轻松地击溃开拓者队，西部决赛又拿下雷霆队，闯入总决赛再度迎战热火队。

彼时的邓肯已经在联盟效力17年之久，彼时"GDP组合"都已经进入生涯暮年。但个人能力退化之下，马刺队的整体性却达到了空前恐怖的程度，那年总决赛他们将团队进攻演绎到了极致。

整个系列赛下来，马刺队的投篮命中率达到了52.8%，三分命中率达到了恐怖的46.6%，如此效率热火队想要赢球无异于天方夜谭。不仅如此，他们场均能送出25.4个助攻，比热火队多出10.2个，极致的团队篮球让他们完成复仇，最终夺冠。

这个冠军的意义不只是复仇，2006—2007赛季夺冠之后，他们时隔7年再度登顶。"GDP组合"的主力架构还在延续，科怀·伦纳德、丹尼·格林等新人逐渐涌现，马刺队完成了一次东山再起，更是完成了一次新老交替。从1999年到2014年，16年时间里5座总冠军，奇数年三连冠，阻击了湖人队王朝、拒绝热火队斩获三连冠，这支马刺队在NBA历史上写下了灿烂的一笔。

勇士队四年三冠

2014年休赛期，史蒂夫·科尔拒绝了恩师菲尔·杰克逊的邀请，没有选择执教尼克斯队，而是拿起勇士队的教鞭，因为他更看好勇士队的前景。

当时的勇士队已经围绕斯蒂芬·库里打造成了一支季后赛级别的球队，但他们依旧如同一座等待深度挖掘的篮球金矿，有着不可思议的潜能。

科尔上任后，首先确立了以掩护、传切、投射为基础的移动进攻体系，将德雷蒙德·格林提上首发，作为高位组织者减轻库里在带动球队攻势方面的负担。科尔拒绝了勇士队用克莱·汤普森换凯文·乐福的计划，他相信汤普森是最适合库里的球员。

在确立球队轮换阵容时，科尔请求安德烈·伊戈达拉打替补，这在伊戈达拉之前的NBA生涯中是从未遇到过的，但伊戈达拉接受了主教练的要求，成为勇士队在比赛衔接段的带队人，这种牺牲精神是勇士队更衣室文化的基础。

2014—2015赛季常规赛，勇士队豪取67胜，库里当选常规赛MVP。勇士队在季后赛前三轮淘汰了鹈鹕队、灰熊队与火箭队，与詹姆斯领军的骑士队会师总决赛。勇士队拿下系列赛第一场，但詹姆斯爆发出惊人的战力，在第二场和第三场分别拿到39分、16个篮板、11次助攻和40分、12个篮板、8次助攻，带领遭遇乐福与欧文伤停打击的骑士队连赢两场。

第四场开始前，勇士队录像分析师，同时也是球队特别助教尼克·尤雷恩向科尔建议将伊戈达拉放入首发，以小个阵容出战，这就是勇士王朝"死亡五小"的1.0版——

格林、哈里森·巴恩斯、伊戈达拉、汤普森与库里。

　　这个变化收获奇效，"五小阵容"以更好的进攻空间和强大的防御力，连胜骑士队3场，伊戈达拉降低了詹姆斯的进攻效率，同时在3场首发的比赛中打出场均20.3分、7个篮板、4次助攻的表现，勇士队总比分4∶2夺冠，伊戈达拉当选总决赛MVP。

　　登上联盟之巅的勇士队，在2015—2016赛季以73胜打破NBA历史纪录，库里成为NBA历史上首位全票MVP获得者，但他们在季后赛却遭遇库里膝盖受伤的阻挡，尽管勇士队在2015—2016赛季西部决赛完成1∶3大逆转，但在总决赛3∶1领先却遭骑士队翻盘。

　　在2015—2016赛季总决赛落败后，格林给雷霆队球星凯文·杜兰特发去短信，邀请杜兰特加盟。2016年休赛期，勇士队老板、教练与球星共同参加了招募杜兰特的谈判，库里向杜兰特承诺，虽然他两连MVP，但更渴望的是总冠军，愿意与杜兰特分享球队领袖的角色。

　　杜兰特被勇士队的实力与诚意打动，"宇宙勇"正式组建。

　　2016—2017赛季常规赛，勇士队打出67胜，进攻效率联盟第一，防守效率联盟第二。常规赛还只是"宇宙勇"在小试牛刀，他们在季后赛前三轮全部以4∶0拿下，与骑士队再次聚首争冠系列赛。

　　在格林写给杜兰特的招募短信中，有这样一段话："你看过总决赛，知道我们需要什么吧？"

　　勇士队需要的就是能够对抗詹姆斯的那个人，东詹西杜，联盟双绝，杜兰特曾在2011—2012赛季总决赛输给詹姆斯，这一次杜兰特实现了复仇，尽管詹姆斯在系列赛打出场均33.6分、12个篮板、10次助攻的全能战神级表现。但杜兰特化身赛场"死神"，场均轰下35.2分、8.2个篮板、5.4次助攻，勇士队4∶1解决战斗，杜兰特NBA生涯首冠并首次当选总决赛MVP。

　　2017年休赛期，勇士队与库里和杜兰特续约，球队踏上卫冕征程。虽然勇士队在常规赛战绩较之前有所下滑，58胜位列西部第二，但这里面有伤病因素的影响，尤其是库里的膝伤，让勇士队放慢了冲击西部第一的脚步。不过，这没有影响勇士队连续第二年有四名球员入选全明星创NBA历史纪录。

　　勇士队在2017—2018赛季季后赛前两轮淘汰了马刺队与鹈鹕队，与常规赛联盟第一的火箭队在西部决赛对垒。勇士队在前五场过后总比分2∶3落后，但火箭队球星克里斯·保罗在第五场右腿受伤将缺席系列赛剩余的比赛，这对于火箭队来说是重大的损失。勇士队抓住了机会，他们在第六场最多落后17分的情况下成功逆转，汤普森再现

2015—2016赛季西部决赛第六战的神勇，投进9记三分球砍下35分，勇士队以115：86追平总比分。

"抢七战"的勇士队仍是逆风局，他们在上半场被火箭队拉开15分的差距，但凭借着强大的团队火力，勇士队再度翻转战局，失去保罗的火箭队，连续27次三分出手不中被勇士队打崩盘。101：92，勇士队"抢七"胜出，连续第四年杀入总决赛，也是连续第四年与骑士队争冠。

此时的骑士队已经失去了欧文，詹姆斯以强劲的个人表现带队从东部杀出，但面对群星闪耀的勇士队，詹姆斯孤掌难鸣，即便他在首战中轰下51分，依旧未能挽救败局。勇士队四局横扫骑士队，场均胜出15分，杜兰特以场均28.8分、10.8个篮板、7.5次助攻、2.3次盖帽的成绩单，连续第二年当选总决赛MVP，勇士队四年内第三次加冕。

四年三冠的勇士队，引发了许多争议，但无论你喜欢还是讨厌他们，都不可否认勇士队的卓越，他们是一支王朝之师。

"当每个人都与我们为敌时，那就说明我们是一支伟大的队伍。"杜兰特说，"无论对手怎样厌恶我们，无论对方的教练怎样针对我们，也不管一些球迷和媒体多么恨我们，这些只会让我们变得更强。"

窒息对攻战斗

　　1983年12月13日，底特律活塞队与掘金队联手上演了NBA历史上最疯狂的对攻大战，两队大战3个加时，活塞队以186∶184取得胜利。

　　这场飙分激战，留下了许多令人惊叹的进攻数据，活塞队的186分是NBA历史单场最高分，而掘金队的184分排在单场得分榜第二位，两队合砍370分，为历史第一多的得分。

　　活塞队在比赛中投进了74球，两队合计命中142球，送出了93次助攻，这些都是保持至今的NBA历史纪录。

　　活塞队的伊塞亚·托马斯砍下47分，约翰·朗贡献41分，掘金队的奇奇·范德维奇杀下51分，亚力克斯·英格利什得到47分，这是NBA历史首次出现单场比赛中4名球员得分40+。两队总计12名球员（活塞队与掘金队各6名）得分上双，这也是NBA历史纪录。

　　两队投篮命中率都超过了50%，活塞队是54.4%，约翰·朗25投18中，命中率达到72%，掘金队投篮命中率59.1%，范德维奇29投21中，命中率为72.4%。

　　活塞队与掘金队合作打出了这样一场前无古人后无来者的比赛，从两队当时的球风来看也并不奇怪。掘金队在1983—1984赛季场均得到123.7分，是场均得分联盟第一的球队，活塞队场均117.1分，位列联盟第三。掘金队进攻强劲，但防守太差，场均丢124.8分，是联盟第一失分大户，活塞队场均被对手拿走113.5分，排在联盟倒数第六，两支重攻轻守的球队相遇，开足马力展开对攻轰出高分，天时、地利、人和成就了这场纪录之战。

稍有遗憾的是，当时三分球还不流行，活塞队与掘金队在比赛中各自只出手两次三分球。换个角度来看，在三分球投射如此之少的情况下，两队都打出180+的得分，火力确实强劲。

酣战六加时

1951年1月6日，罗彻斯特皇家队在主场对垒印第安纳波利斯奥林匹亚队，这场比赛创下了一项不可思议的纪录，两队打了6个加时才分出胜负。

6个加时！比分一定很高吧？可这场球的分数是75：73，奥林匹亚队险胜。

为什么打了6个加时却得分不高呢？因为当时还没有24秒进攻时限，所以比赛时而就会出现领先一方控球耗时间的情况，就是在单场6个加时发生的1950—1951赛季，韦恩堡活塞队与明尼阿波利斯湖人队上演了一场在如今看来难以置信的比赛，活塞队以19：18击败湖人队，创下NBA历史单场最低分。

我们回到这场打了6个加时的战斗中，两队在常规时间打得还不算拖延，以当时的比赛风格来衡量，节奏还是比较快的，前四节打完65：65未分胜负进入加时。6个加时期间，第二个和第四个加时两队都没有得分，原因是获得球权的一方故意将时间耗光投压哨绝杀，不进则继续打下一个加时。

这场漫长的比赛能在第六个加时打完，要感谢奥林匹亚队后卫拉尔夫·贝尔德，他在距离第六个加时结束还剩一秒的时候跳投命中，奥林匹亚队以两分优势取胜，结束了这场苦战。奥林匹亚队在6个加时中总计得到10分，皇家队是8分。

半场 107 分

1990年11月7日，丹佛掘金队在对阵圣安东尼奥马刺队的比赛中上半场拿到90分，创下当时NBA上半场得分纪录。然而，仅仅过了三天，掘金队就亲眼见证了他们的纪录被打破。

1990年11月10日，掘金队在客场遭遇菲尼克斯太阳队。太阳队在1990—1991赛季场均114分，为联盟第四，而掘金队场均119.9分领跑联盟。但这场对决，太阳队攻势更加凶猛，前19次出手命中17球，首节就轰下50分，追平了当时NBA首节得分纪录（该项纪录在2019年1月15日被金州勇士队打破，现纪录为51分）。

太阳队在第二节不但延续了首节的进攻效率，还有所提升，新秀前锋塞德里克·塞巴洛斯在第二节最后9分钟就获得了22分，太阳队在第二节拿到57分，这是NBA历史第二节得分纪录，至今尚未刷新。

在上半场比赛中，太阳队得到了107分，创下NBA历史半场得分新高，也是NBA创立至今仅有的一次半场球得分100+。太阳队在上半场投进43球，送出33次助攻，这两项数据也是NBA历史纪录。

全场比赛，太阳队以64.4%的命中率拿下173分，全队8名球员得分上双，以173：143击败掘金队。值得注意的是，这场比赛没有打加时，太阳队拿到的173分追平了波士顿凯尔特人队在1959年创造的非加时比赛得分纪录。将有加时赛的比赛计算在内，173分也可以排在历史第三。

半场 16 分

　　有的球队半场能轰下107分，而有的球队打了半场连20分都没能得到。1999年12月14日，洛杉矶湖人队在主场对垒洛杉矶快船队，科比·布莱恩特与沙奎尔·奥尼尔在首节合砍21分，湖人队32∶16建立起16分的领先优势。但湖人队的进攻效率在第二节暴跌，单节23投6中，于他们的对手快船队投篮表现更加惨不忍睹，第二节18次出手仅中1球，这一节比赛只得到3分，创NBA历史第二节最低分。

　　上半场打完，快船队38投7中，只拿到19分，这是NBA历史上半场最低得分。最终，湖人队以95∶68击败了快船队。

　　19分是NBA历史上半场最低，如果将上下半场都计算在内，半场球最低得分是多少呢？答案是16分。

　　2006年3月1日，新奥尔良黄蜂队在客场遭遇洛杉矶快船队。黄蜂队在上半场还攻势如潮，以55%的命中率得到51分，黄蜂队球星克里斯·保罗半场球送出10次助攻。

　　下半场风云突变，快船队摆出联防，黄蜂队陷入慌乱，面对联防束手无策，第三节20投4中，只得到8分。黄蜂队的进攻在第四节没有丝毫改观，单节14投1中，如果不是获得了12次罚球机会，命中6球，这一节恐怕8分都拿不到。

　　在整个下半场，黄蜂队34次出手只命中5球，仅入账16分，这是NBA历史上半场最低得分，快船队最终以89∶67取得胜利。"简直是奇耻大辱。"黄蜂队前锋P.J.布朗赛后坦言。

　　（注：单节和半场最低得分纪录统计范畴是1954年24秒进攻规则诞生至今。）

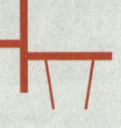

加时赛 5 分钟
合砍 46 分

　　加时赛只有5分钟，在这半节比赛不到的时间里，能拿到多少分？达拉斯独行侠队与休斯敦火箭队给出的答案是46分。

　　这场比赛发生在1995年4月11日，火箭队在主场对阵独行侠队，火箭队球星哈基姆·奥拉朱旺缺席，克莱德·德雷克斯勒带队迎敌。火箭队在前三节战罢领先12分，独行侠队在第四节奋起直追，单节轰下了46分，火箭队这一节拿到34分也是不俗，但仍不及独行侠队火力凶猛，两队119∶119打平进入加时赛。

　　在首个加时赛中，火箭队与独行侠队都是火力全开，两队各自得到23分，合砍46分，一举打破丹佛掘金队与菲尼克斯太阳队在1996年12月23日创下的加时赛合取43分的NBA历史纪录。

　　两队鏖战到第二个加时赛，火箭队终于在对攻中败下阵来，他们在第二个加时赛只得到5分，而独行侠队拿到了14分，最终独行侠队以156∶147击败火箭队。火箭队在这场比赛中7名球员得分上双，其中3人得分20+，德雷克斯勒打出了29分、11个篮板、11次助攻的三双数据，怎奈独行侠队进攻更胜一筹，贾马尔·马什本砍下42分，杰森·基德拿到38分、11个篮板和10次助攻的大号三双。

73 分惨败！
NBA 历史第一惨案

在一场NBA比赛中最多能够输多少分？此前在1991—1992赛季，骑士队曾经148：80大胜热火队，热火队创造了68分惨败的耻辱纪录。而在2021年12月3日，这个尘封30年的历史纪录被打破，在对阵灰熊队的比赛中，雷霆队给出了一个新的答案——73分！NBA历史第一惨案由此诞生！

此役，灰熊队的绝对核心莫兰特因为膝伤缺阵，但是球队丝毫没有受到影响，他们上半场就领先雷霆队36分。雷霆队在上半场比赛中仅仅得到36分，而落后36分则追平了球队队史（包括超音速队时期）半场输球最大分差。

下半场比赛，缺少核心亚历山大的雷霆队更是毫无招架之力，第三节比赛落后51分，全场比赛结束，雷霆队79：152不敌灰熊队，73分的分差创造了NBA历史最大分差纪录！

本场比赛，雷霆队吞下一场历史性的惨败，但是这次惨败却是出乎意料的，毕竟灰熊队不是超级强队，又缺少了核心莫兰特。对于雷霆队来说，这是一场耻辱的比赛，被称为NBA历史第一惨案也不为过。

历史榜单

从远古诸神，到未来巨星，他们积微成著，创造了无数的纪录，宛如令人仰望的丰碑，屹立在 NBA 历史的长河中。

NBA75 周年 75 大巨星

埃尔文·约翰逊　　　　保罗·阿里金

克里斯·保罗

德克·诺维茨基

阿伦·艾弗森　　　沃尔特·弗雷泽

埃尔金·贝勒　　　　　保罗·皮尔斯

勒布朗·詹姆斯

奥斯卡·罗伯特森

帕特里克·尤因　　　雷·阿伦

达米安·利拉德

哈基姆·奥拉朱旺

拉塞尔·威斯布鲁克

拉里·伯德

斯科蒂·皮蓬　　　　杰里·韦斯特

科比·布莱恩特

迈克尔·乔丹

安东尼·戴维斯

丹尼斯·罗德曼

里克·巴里

沙奎尔·奥尼尔

伊赛亚·托马斯

凯文·杜兰特

卡里姆·阿卜杜尔-贾巴尔

杰森·基德

威尔特·张伯伦

约翰·斯托克顿

罗伯特·帕里什

比尔·拉塞尔

斯蒂芬·库里

比尔·沙曼

多尔夫·谢耶斯

韦斯·昂赛尔德

比尔·沃顿

扬尼斯·阿德托昆博

加里·佩顿

萨姆·琼斯

内特·瑟蒙德

卡尔·马龙

戴夫·德布斯切尔

埃尔文·海耶斯

德怀恩·韦德

雷吉·米勒

查尔斯·巴克利

戴夫·宾

约翰·哈弗里切克

比利·康宁汉姆

厄尔·门罗

哈尔·格里尔

詹姆斯·哈登

威利斯·里德

内特·阿奇博尔德

朱利叶斯·欧文

詹姆斯·沃西

皮特·马拉维奇

多米尼克·威尔金斯

凯文·加内特

史蒂夫·纳什

鲍勃·麦卡杜

凯文·麦克海尔

戴夫·考恩斯

卡梅隆·安东尼

乔治·格文

乔治·麦肯

大卫·罗宾逊

鲍勃·佩蒂特

摩西·马龙

兰尼·威尔肯斯

鲍勃·库西

杰里·卢卡斯

蒂姆·邓肯

克莱德·德雷克斯勒

科怀·伦纳德

注：由于出现平票情况，共有76名球员入选，排名不分先后

历届常规赛 MVP

赛季	姓名	球队
2020—2021	尼古拉·约基奇	丹佛掘金队
2019—2020	扬尼斯·阿德托昆博	密尔沃基雄鹿队
2018—2019	扬尼斯·阿德托昆博	密尔沃基雄鹿队
2017—2018	詹姆斯·哈登	休斯敦火箭队
2016—2017	拉塞尔·威斯布鲁克	俄克拉荷马城雷霆队
2015—2016	斯蒂芬·库里	金州勇士队
2014—2015	斯蒂芬·库里	金州勇士队
2013—2014	凯文·杜兰特	俄克拉荷马城雷霆队
2012—2013	勒布朗·詹姆斯	迈阿密热火队
2011—2012	勒布朗·詹姆斯	迈阿密热火队
2010—2011	德里克·罗斯	芝加哥公牛队
2009—2010	勒布朗·詹姆斯	克利夫兰骑士队
2008—2009	勒布朗·詹姆斯	克利夫兰骑士队
2007—2008	科比·布莱恩特	洛杉矶湖人队
2006—2007	德克·诺维茨基	达拉斯独行侠队
2005—2006	史蒂夫·纳什	菲尼克斯太阳队
2004—2005	史蒂夫·纳什	菲尼克斯太阳队
2003—2004	凯文·加内特	明尼苏达森林狼队
2002—2003	蒂姆·邓肯	圣安东尼奥马刺队
2001—2002	蒂姆·邓肯	圣安东尼奥马刺队
2000—2001	阿伦·艾弗森	费城76人队
1999—2000	沙奎尔·奥尼尔	洛杉矶湖人队
1998—1999	卡尔·马龙	犹他爵士队
1997—1998	迈克尔·乔丹	芝加哥公牛队
1996—1997	卡尔·马龙	犹他爵士队
1995—1996	迈克尔·乔丹	芝加哥公牛队
1994—1995	大卫·罗宾逊	圣安东尼奥马刺队
1993—1994	哈基姆·奥拉朱旺	休斯敦火箭队
1992—1993	查尔斯·巴克利	菲尼克斯太阳队
1991—1992	迈克尔·乔丹	芝加哥公牛队
1990—1991	迈克尔·乔丹	芝加哥公牛队
1989—1990	埃尔文·约翰逊	洛杉矶湖人队
1988—1989	埃尔文·约翰逊	洛杉矶湖人队
1987—1988	迈克尔·乔丹	芝加哥公牛队

赛季	姓名	球队
1986—1987	埃尔文·约翰逊	洛杉矶湖人队
1985—1986	拉里·伯德	波士顿凯尔特人队
1984—1985	拉里·伯德	波士顿凯尔特人队
1983—1984	拉里·伯德	波士顿凯尔特人队
1982—1983	摩西·马龙	费城76人队
1981—1982	摩西·马龙	休斯敦火箭队
1980—1981	朱利叶斯·欧文	费城76人队
1979—1980	卡里姆·阿卜杜尔-贾巴尔	洛杉矶湖人队
1978—1979	摩西·马龙	休斯敦火箭队
1977—1978	比尔·沃尔顿	波特兰开拓者队
1976—1977	卡里姆·阿卜杜尔-贾巴尔	洛杉矶湖人队
1975—1976	卡里姆·阿卜杜尔-贾巴尔	洛杉矶湖人队
1974—1975	鲍勃·麦卡杜	布法罗勇士队
1973—1974	卡里姆·阿卜杜尔-贾巴尔	密尔沃基雄鹿队
1972—1973	戴夫·考恩斯	波士顿凯尔特人队
1971—1972	卡里姆·阿卜杜尔-贾巴尔	密尔沃基雄鹿队
1970—1971	卡里姆·阿卜杜尔-贾巴尔	密尔沃基雄鹿队
1969—1970	威利斯·里德	纽约尼克斯队
1968—1969	韦斯·昂塞尔德	巴尔的摩子弹队
1967—1968	威尔特·张伯伦	费城76人队
1966—1967	威尔特·张伯伦	费城76人队
1965—1966	威尔特·张伯伦	费城76人队
1964—1965	比尔·拉塞尔	波士顿凯尔特人队
1963—1964	奥斯卡·罗伯逊	辛辛那提皇家队
1962—1963	比尔·拉塞尔	波士顿凯尔特人队
1961—1962	比尔·拉塞尔	波士顿凯尔特人队
1960—1961	比尔·拉塞尔	波士顿凯尔特人队
1959—1960	威尔特·张伯伦	费城勇士队
1958—1959	鲍勃·佩蒂特	圣路易斯老鹰队
1957—1958	比尔·拉塞尔	波士顿凯尔特人队
1956—1957	鲍勃·库西	波士顿凯尔特人队
1955—1956	鲍勃·佩蒂特	圣路易斯老鹰队

历届总冠军

赛季	球队
2020—2021	密尔沃基雄鹿队
2019—2020	洛杉矶湖人队
2018—2019	多伦多猛龙队
2017—2018	金州勇士队
2016—2017	金州勇士队
2015—2016	克利夫兰骑士队
2014—2015	金州勇士队
2013—2014	圣安东尼奥马刺队
2012—2013	迈阿密热火队
2011—2012	迈阿密热火队
2010—2011	达拉斯独行侠队
2009—2010	洛杉矶湖人队
2008—2009	洛杉矶湖人队
2007—2008	波士顿凯尔特人队
2006—2007	圣安东尼奥马刺队
2005—2006	迈阿密热火队
2004—2005	圣安东尼奥马刺队
2003—2004	底特律活塞队
2002—2003	圣安东尼奥马刺队
2001—2002	洛杉矶湖人队
2000—2001	洛杉矶湖人队
1999—2000	洛杉矶湖人队
1998—1999	圣安东尼奥马刺队
1997—1998	芝加哥公牛队
1996—1997	芝加哥公牛队
1995—1996	芝加哥公牛队
1994—1995	休斯敦火箭队
1993—1994	休斯敦火箭队

1992—1993	芝加哥公牛队
1991—1992	芝加哥公牛队
1990—1991	芝加哥公牛队
1989—1990	底特律活塞队
1988—1989	底特律活塞队
1987—1988	洛杉矶湖人队
1986—1987	洛杉矶湖人队
1985—1986	波士顿凯尔特人队
1984—1985	洛杉矶湖人队
1983—1984	波士顿凯尔特人队
1982—1983	费城76人队
1981—1982	洛杉矶湖人队
1980—1981	波士顿凯尔特人队
1979—1980	洛杉矶湖人队
1978—1979	西雅图超音速队
1977—1978	华盛顿子弹队
1976—1977	波特兰开拓者队
1975—1976	波士顿凯尔特人队
1974—1975	金州勇士队
1973—1974	波士顿凯尔特人队
1972—1973	纽约尼克斯队
1971—1972	洛杉矶湖人队
1970—1971	密尔沃基雄鹿队
1969—1970	纽约尼克斯队
1968—1969	波士顿凯尔特人队
1967—1968	波士顿凯尔特人队
1966—1967	费城76人队
1965—1966	波士顿凯尔特人队
1964—1965	波士顿凯尔特人队
1963—1964	波士顿凯尔特人队
1962—1963	波士顿凯尔特人队
1961—1962	波士顿凯尔特人队

1960—1961	波士顿凯尔特人队
1959—1960	波士顿凯尔特人队
1958—1959	波士顿凯尔特人队
1957—1958	圣路易斯老鹰队
1956—1957	波士顿凯尔特人队
1955—1956	费城勇士队
1954—1955	锡拉丘兹民族队
1953—1954	明尼阿波利斯湖人队
1952—1953	明尼阿波利斯湖人队
1951—1952	明尼阿波利斯湖人队
1950—1951	罗彻斯特皇家队
1949—1950	明尼阿波利斯湖人队
1948—1949	明尼阿波利斯湖人队
1947—1948	巴尔的摩子弹队
1946—1947	费城勇士队

历届总决赛 MVP

赛季	FMVP	赛季	FMVP
2020—2021	扬尼斯·阿德托昆博	1993—1994	哈基姆·奥拉朱旺
2019—2020	勒布朗·詹姆斯	1992—1993	迈克尔·乔丹
2018—2019	科怀·伦纳德	1991—1992	迈克尔·乔丹
2017—2018	凯文·杜兰特	1990—1991	迈克尔·乔丹
2016—2017	凯文·杜兰特	1989—1990	伊塞亚·托马斯
2015—2016	勒布朗·詹姆斯	1988—1989	乔·杜马斯
2014—2015	安德烈·伊格达拉	1987—1988	詹姆斯·沃西
2013—2014	科怀·伦纳德	1986—1987	埃尔文·约翰逊
2012—2013	勒布朗·詹姆斯	1985—1986	拉里·伯德
2011—2012	勒布朗·詹姆斯	1984—1985	卡里姆·阿卜杜尔-贾巴尔
2010—2011	德克·诺维茨基	1983—1984	拉里·伯德
2009—2010	科比·布莱恩特	1982—1983	摩西·马龙
2008—2009	科比·布莱恩特	1981—1982	埃尔文·约翰逊
2007—2008	保罗·皮尔斯	1980—1981	塞德里克·麦克斯维尔
2006—2007	托尼·帕克	1979—1980	埃尔文·约翰逊
2005—2006	德怀恩·韦德	1978—1979	丹尼斯·约翰逊
2004—2005	蒂姆·邓肯	1977—1978	韦斯·昂塞尔德
2003—2004	昌西·比卢普斯	1976—1977	比尔·沃尔顿
2002—2003	蒂姆·邓肯	1975—1976	乔乔·怀特
2001—2002	沙奎尔·奥尼尔	1974—1975	里克·巴里
2000—2001	沙奎尔·奥尼尔	1973—1974	约翰·哈夫利切克
1999—2000	沙奎尔·奥尼尔	1972—1973	威利斯·里德
1998—1999	蒂姆·邓肯	1971—1972	沃尔特·张伯伦
1997—1998	迈克尔·乔丹	1970—1971	卡里姆·阿卜杜勒-贾巴尔
1996—1997	迈克尔·乔丹	1969—1970	威利斯·里德
1995—1996	迈克尔·乔丹	1968—1969	杰里·韦斯特
1994—1995	哈基姆·奥拉朱旺		

NBA历史得分榜前100位 排行榜

1	卡里姆·阿卜杜尔-贾巴尔	38387
2	勒布朗·詹姆斯	37062
3	卡尔·马龙	36928
4	科比·布莱恩	33643
5	迈克尔·乔丹	32292
6	德克·诺维茨基	31560
7	威尔特·张伯	31419
8	朱利叶斯·欧文	30026
9	摩西·马龙	29580
10	沙奎尔·奥尼尔	28596
11	卡梅隆·安东尼	28289
12	丹·伊塞尔	27482
13	埃尔文·海耶斯	27313
14	哈基姆·奥拉朱	26946
15	奥斯卡·罗伯特	26710
16	多米尼克·威尔金	26668
17	乔治·格文	26595
18	蒂姆·邓肯	26496
19	保罗·皮尔斯	26397
20	约翰·哈弗里切克	26395
21	凯文·加内特	26071
22	文斯·卡特	25728
23	阿历克斯·英格利什	25613
24	凯文·杜兰特	25526
25	里克·巴里	25279
26	雷吉·米勒	25279
27	杰里·韦斯特	25192

28	阿蒂斯·吉尔摩尔	24941		60	托尼·帕克	19473
29	帕特里克·尤因	24815		61	特里·卡明斯	19460
30	雷·阿伦	24505		62	贾马尔·克劳福	19419
31	阿伦·艾弗森	24368		63	鲍勃·雷尼尔	19248
32	查尔斯·巴克利	23757		64	埃迪·约翰逊	19202
33	詹姆斯·哈登	23477		65	盖尔·古德里奇	19181
34	罗伯特·帕里什	23334		66	雷吉·托伊斯	19015
35	拉塞尔·威斯布鲁克	23298		67	戴尔·埃利斯	19004
36	阿德里安·丹特利	23177		68	斯科蒂·皮蓬	18940
37	德怀恩·韦德	23165		69	杰森·特里	18881
38	埃尔金·贝勒	23149		70	切特·沃克	18831
39	克莱德·德雷克斯勒	22195		71	伊赛亚·托马斯	18822
40	加里·佩顿	21813		72	鲍勃·麦卡杜	18787
41	拉里·伯德	21791		73	扎克·兰多夫	18578
42	哈尔·格里尔	21586		74	马克·阿奎尔	18458
43	沃尔特·贝拉米	20941		75	多尔夫·谢耶斯	18438
44	克里斯·保罗	20936		76	特雷西·麦克格雷	18381
45	保罗·加索尔	20894		77	格伦·莱斯	18336
46	鲍勃·佩蒂特	20880		78	戴夫·宾	18327
47	大卫·罗宾逊	20790		79	沃尔德·弗里	17955
48	拉马库斯·阿尔德里奇	20558		80	卡尔文·墨菲	17949
49	米奇·里奇蒙德	20497		81	卢·哈德森	17940
50	乔·约翰逊	20407		82	克里斯·穆林	17911
51	斯蒂芬·库里	20064		83	兰尼·威尔肯斯	17772
52	汤姆·钱伯斯	20049		84	巴里·霍威尔	17770
53	安托万·贾米森	20042		85	埃尔文·约翰逊	17707
54	德玛尔·德罗赞	19869		86	肖恩·马里昂	17700
55	约翰·斯托克顿	19711		87	罗兰多·布莱克曼	17623
56	伯纳德·金	19655		88	奥蒂斯·索普	17600
57	克里弗德·罗宾逊	19591		89	杰森·基德	17529
58	沃尔特·戴维斯	19521		90	达米安·利拉德	17510
59	德怀特·霍华德	19485		91	厄尔·门罗	17454

92	罗恩·布恩	17437
93	史蒂夫·纳什	17387
94	鲁迪·盖伊	17349
95	凯文·麦克海尔	17335
96	迈克尔·芬利	17306
97	杰克·希克马	17287
98	凯文·威利斯	17253
99	杰夫·马龙	17231
100	克里斯·波什	17189

NBA历史篮板榜前50位 排行榜

1	威尔特·张伯伦	23924	26	帕特里克·尤因	11607
2	比尔·拉塞尔	21620	27	德克·诺维茨基	11489
3	摩西·马龙	17834	28	埃尔金·贝勒	11463
4	卡里姆·阿卜杜尔-贾巴尔	17440	29	保罗·加索尔	11305
5	阿蒂斯·吉尔摩尔	16330	30	多尔夫·谢耶斯	11256
6	埃尔文·海耶斯	16279	31	丹·伊塞尔	11133
7	蒂姆·邓肯	15091	32	比尔·布里奇斯	11054
8	卡尔·马龙	14968	33	杰克·希克马	10816
9	罗伯特·帕里什	14715	34	卡尔迪维尔·琼斯	10685
10	凯文·加内特	14662	35	朱利叶斯·欧文	10525
11	德怀特·霍华德	14627	36	大卫·罗宾逊	10497
12	内特·瑟蒙德	14464	37	本·华莱士	10482
13	沃尔特·贝拉米	14241	38	泰森·钱德勒	10467
14	韦斯·昂赛尔德	13769	39	戴夫·考恩斯	10444
15	哈基姆·奥拉朱旺	13748	40	比尔·兰比尔	10400
16	沙奎尔·奥尼尔	13099	41	奥蒂斯·索普	10370
17	巴克·威廉姆斯	13017	42	勒布朗·詹姆斯	10210
18	杰里·卢卡斯	12942	43	扎克·兰多夫	10208
19	鲍勃·佩蒂特	12849	44	德安德烈·乔丹	10142
20	查尔斯·巴克利	12546	45	肖恩·马里昂	10101
21	迪肯贝·穆托姆博	12359	46	约翰尼·科尔	10092
22	保罗·塞拉斯	12357	47	鲍勃·雷尼尔	9698
23	查尔斯·奥克利	12205	48	萨姆·莱西	9687
24	丹尼斯·罗德曼	11954	49	泽尔莫·比蒂	9665
25	凯文·威利斯	11901	50	戴夫·德布斯切尔	9618

NBA历史助攻榜前50位
排行榜

1	约翰·斯托克顿	15806
2	杰森·基德	12091
3	克里斯·保罗	10977
4	史蒂夫·纳什	10335
5	马克·杰克逊	10334
6	埃尔文·约翰逊	10141
7	勒布朗·詹姆斯	10045
8	奥斯卡·罗伯特森	9887
9	伊赛亚·托马斯	9061
10	加里·佩顿	8966
11	拉塞尔·威斯布鲁克	8611
12	安德烈·米勒	8524
13	罗德·斯特里克兰	7987
14	拉简·隆多	7584
15	莫里斯·奇克斯	7392
16	兰尼·威尔肯斯	7211
17	特里·波特	7160
18	蒂姆·哈达威	7095
19	托尼·帕克	7036
20	鲍勃·库西	6955
21	盖伊·罗杰斯	6917
22	德隆·威廉姆斯	6819
23	马格西·博格斯	6726
24	凯文·约翰逊	6711
25	德里克·哈珀	6577
26	内特·阿奇博尔德	6476
27	斯蒂芬·马布里	6471
28	凯里·洛瑞	6469
29	约翰·卢卡斯	6454
30	雷吉·托伊斯	6453
31	詹姆斯·哈登	6397
32	诺姆·尼克松	6386
33	科比·布莱恩特	6306
34	杰里·韦斯特	6238
35	斯科蒂·皮蓬	6135
36	克莱德·德雷克斯勒	6125
37	约翰·哈弗里切克	6114
38	巴朗·戴维斯	6025
39	穆奇·布雷洛克	5972
40	萨姆·卡塞尔	5939
41	埃弗里·约翰逊	5846
42	尼克·范·埃克塞	5777
43	德怀恩·韦德	5701
44	拉里·伯德	5695
45	卡里姆·阿卜杜尔-贾巴尔	5660
46	昌西·比卢普斯	5636
47	迈克尔·乔丹	5633
48	阿伦·艾弗森	5624
49	约翰·沃尔	5557
50	迈克·毕比	5517

NBA历史抢断榜前50位
排行榜

1	约翰·斯托克顿	3265		26	罗恩·哈珀	1716
2	杰森·基德	2684		27	拉塞尔·威斯布鲁克	1699
3	迈克尔·乔丹	2514		28	拉斐特·利弗	1666
4	克里斯·保罗	2453		29	查尔斯·巴克利	1648
5	加里·佩顿	2445		30	古斯·威廉姆斯	1638
6	莫里斯·奇克斯	2310		31	特雷沃·阿里扎	1628
7	斯科蒂·皮蓬	2307		32	赫西·霍金斯	1622
8	朱利叶斯·欧文	2272		33	埃迪·琼斯	1620
9	克莱德·德雷克斯勒	2207		34	德怀恩·韦德	1620
10	哈基姆·奥拉朱旺	2162		35	罗德·斯特里克兰	1616
11	勒布朗·詹姆斯	2136		36	马克·杰克逊	1608
12	埃尔文·罗伯特森	2112		37	杰森·特里	1603
13	卡尔·马龙	2085		38	特里·波特	1583
14	穆奇·布雷洛克	2075		39	道格·里弗斯	1563
15	阿伦·艾弗森	1983		40	拉里·伯德	1556
16	德里克·哈珀	1957		41	道格·克里斯蒂	1555
17	科比·布莱恩特	1944		42	安德烈·米勒	1546
18	伊赛亚·托马斯	1861		43	内特·麦克米兰	1544
19	凯文·加内特	1859		44	杰夫·霍纳塞克	1536
	唐·布斯	1818		45	赛迪斯·杨	1535
21	安德烈·伊戈达拉	1761		46	克里斯·穆林	1530
22	肖恩·马里昂	1759		47	文斯·卡特	1530
23	保罗·皮尔斯	1752		48	巴朗·戴维斯	1530
24	埃尔文·约翰逊	1724		49	肯达尔·吉尔	1519
25	慈世平	1721		50	拉简·隆多	1518

NBA历史盖帽榜前50位

排行榜

1	哈基姆·奥拉朱旺	3830		26	埃尔顿·布兰德	1828
2	迪肯贝·穆托姆博	3289		27	杰梅因·奥尼尔	1820
3	卡里姆·阿卜杜尔-贾巴尔	3189		28	埃尔文·海耶斯	1771
4	阿蒂斯·吉尔摩尔	3178		29	赛尔吉·伊巴卡	1752
5	马克·伊顿	3064		30	约什·史密斯	1713
6	蒂姆·邓肯	3020		31	凯文·麦克海尔	1690
7	大卫·罗宾逊	2954		32	弗拉德·迪瓦茨	1631
8	帕特里克·尤因	2894		33	赫伯·威廉姆斯	1605
9	沙奎尔·奥尼尔	2732		34	埃尔登·坎贝尔	1602
10	特里·罗林斯	2542		35	本奥伊特·本杰明	1581
11	罗伯特·帕里什	2361		36	萨缪尔·戴勒姆波特	1546
12	阿隆佐·莫宁	2356		37	维恩·库珀	1535
13	马库斯·坎比	2331		38	布鲁克·洛佩斯	1530
14	卡尔迪维尔·琼斯	2297		39	德安德烈·乔丹	1502
15	德怀特·霍华德	2228		40	阿尔顿·李斯特	1473
16	本·华莱士	2137		41	安德烈·基里连科	1461
17	肖恩·布拉德利	2119		42	拉希德·华莱士	1460
18	马努特·波尔	2086		43	比利·保尔茨	1457
19	乔治·约翰逊	2082		44	霍特·罗德·威廉姆斯	1456
20	凯文·加内特	2037		45	安东尼·戴维斯	1413
21	拉里·南斯	2027		46	马克·韦斯特	1403
22	西奥·拉特利夫	1968		47	埃里克·丹皮尔	1398
23	朱利叶斯·欧文	1941		48	克里弗德·罗宾逊	1390
24	保罗·加索尔	1941		49	鲁迪·戈贝尔	1357
25	摩西·马龙	1889		50	特里·泰勒	1342

NBA历史出场数前20位

1	罗伯特·帕里什	1611
2	卡里姆·阿卜杜尔-贾巴尔	1560
3	文斯·卡特	1541
4	德克·诺维茨基	1522
5	约翰·斯托克顿	1504
6	卡尔·马龙	1476
7	凯文·加内特	1462
8	摩西·马龙	1455
9	凯文·威利斯	1424
10	杰森·特里	1410
11	蒂姆·邓肯	1392
12	杰森·基德	1391
13	雷吉·米勒	1389
14	克里弗德·罗宾逊	1380
15	勒布朗·詹姆斯	1366
16	科比·布莱恩特	1346
17	保罗·皮尔斯	1343
18	加里·佩顿	1335
19	阿蒂斯·吉尔摩尔	1329
20	贾马尔·克劳福德	1327

NBA历史三分球命中数前20位

1	斯蒂芬·库里	3117
2	雷·阿伦	2973
3	詹姆斯·哈登	2593
4	雷吉·米勒	2560
5	凯尔·科沃尔	2450
6	文斯·卡特	2290
7	杰森·特里	2282
8	贾马尔·克劳福德	2221
9	保罗·皮尔斯	2143
10	达米安·利拉德	2143
11	勒布朗·詹姆斯	2140
12	杰森·特里	1988
13	德克·诺维茨基	1982
14	乔·约翰逊	1978
15	凯里·洛瑞	1971
16	J.J.雷迪克	1950
17	J.R.史密斯	1930
18	克莱·汤普森	1912
19	保罗·乔治	1852
20	昌西·比卢普斯	1830

NBA历史三双数前20位

1	拉塞尔·威斯布鲁克	194
2	奥斯卡·罗伯特森	181
3	埃尔文·约翰逊	138
4	杰森·基德	107
5	勒布朗·詹姆斯	105
6	威尔特·张伯伦	78
7	尼古拉·约基奇	76
8	詹姆斯·哈登	69
9	拉里·伯德	59
10	卢卡·东契奇	46
11	拉斐特·利弗	43
12	鲍勃·库西	33
13	拉简·隆多	32
14	本·西蒙斯	32
15	约翰·哈弗里切克	31
16	德雷蒙德·格林	31
17	格兰特·希尔	29
18	扬尼斯·阿德托昆博	29
19	迈克尔·乔丹	28
20	埃尔金·贝勒	26

NBA历史季后赛得分榜前50位

1	勒布朗·詹姆斯	7631		26	詹姆斯·沃西	3022
2	迈克尔·乔丹	5987		27	雷吉·米勒	2972
3	卡里姆·阿卜杜尔-贾巴尔	5762		28	斯蒂芬·库里	2968
4	科比·布莱恩特	5640		29	克莱德·德雷克斯勒	2963
5	沙奎尔·奥尼尔	5250		30	丹·伊塞尔	2934
6	蒂姆·邓肯	5172		31	萨姆·琼斯	2909
7	卡尔·马龙	4761		32	里克·巴里	2870
8	朱利叶斯·欧文	4580		33	科怀·伦纳德	2865
9	杰里·韦斯特	4457		34	查尔斯·巴克利	2833
10	凯文·杜兰特	4454		35	罗伯特·帕里什	2820
11	托尼·帕克	4045		36	帕特里克·尤因	2813
12	德怀恩·韦德	3954		37	雷·阿伦	2749
13	拉里·伯德	3897		38	拉塞尔·威斯布鲁克	2727
14	约翰·哈弗里切克	3776		39	比尔·拉塞尔	2673
15	哈基姆·奥拉朱旺	3755		40	克里斯·保罗	2666
16	埃尔文·约翰逊	3701		41	凯文·加内特	2601
17	德克·诺维茨基	3663		42	理查德·汉密尔顿	2571
18	斯科蒂·皮蓬	3642		43	昌西·比卢普斯	2526
19	埃尔金·贝勒	3623		44	拜伦·斯科特	2451
20.	威尔特·张伯伦	3607		45	约翰·斯托克顿	2436
21	詹姆斯·哈登	3191		46	拉希德·华莱士	2384
22	凯文·麦克海尔	3182		47	克莱·汤普森	2372
23	保罗·皮尔斯	3180		48	保罗·乔治	2299
24	丹尼斯·约翰逊	3116		49	伊赛亚·托马斯	2261
25	马努·吉诺比利	3054		50	鲍勃·佩蒂特	2240

NBA历史总决赛得分榜前50位

1	杰里·韦斯特	1679	26	比尔·沙曼	574
2	勒布朗·詹姆斯	1562	27	朱利叶斯·欧文	561
3	卡里姆·阿卜杜尔-贾巴尔	1317	28	凯文·麦克海尔	556
4	迈克尔·乔丹	1176	29	克莱·汤普森	508
5	埃尔金·贝勒	1161	30	托尼·帕克	479
6	比尔·拉塞尔	1151	31	罗伯特·帕里什	477
7	萨姆·琼斯	1143	32	迈克尔·库帕	474
8	汤姆·海因索恩	1037	33	哈基姆·奥拉朱旺	467
9	约翰·哈弗里切克	1020	34	凯文·杜兰特	455
10	埃尔文·约翰逊	971	35	汤姆·桑德斯	453
11	科比·布莱恩特	937	36	鲍伯·丹德里奇	450
12	沙奎尔·奥尼尔	865	37	马努·吉诺比利	407
13	詹姆斯·沃西	754	38	贾马尔·威尔克斯	398
14	乔治·麦肯	741	39	吉姆·波拉德	388
15	斯蒂芬·库里	741	40	沃恩·米克尔森	385
16	拉里·伯德	716	41	丹尼·安吉	383
17	鲍勃·库西	713	42	斯雷特·马丁	378
18	鲍勃·佩蒂特	709	43	德里克·费舍尔	376
19	蒂姆·邓肯	708	44	克莱德·德雷克斯勒	367
20	德怀恩·韦德	693	45	里克·巴里	363
21	丹尼斯·约翰逊	676	46	科怀·伦纳德	362
22	斯科蒂·皮蓬	664	47	伊赛亚·托马斯	361
23	威尔特·张伯伦	652	48	凯里·欧文	360
24	弗兰克·拉姆齐	634	49	罗伯特·霍里	358
25	克利夫·哈根	576	50	盖尔·古德里奇	358

NBA75周年
·15大教练·

阿诺德·奥尔巴赫

拉里·布朗

查克·戴利

瑞德·霍尔兹曼

菲尔·杰克逊

K.C.琼斯

史蒂夫·科尔

唐·尼尔森

格雷格·波波维奇

杰克·拉姆塞

帕特·莱利

道格·里弗斯

杰里·斯隆

埃里克·斯波尔斯特拉

兰尼·威尔肯斯

NBA历史主教练常规赛
·· 执教场数前30位 ··

排名	教练	执教生涯	执教场次	胜场数	胜率	总冠军
1	兰尼·威尔肯斯	1970—2005	2487	1332	53.6%	1
2	唐·尼尔森	1977—2010	2398	1335	55.7%	0
3	比尔·菲奇	1971—1998	2050	944	46.0%	1
4	格雷格·波波维奇	1997—至今	2045	1344	65.7%	5
5	杰里·斯隆	1980—2011	2024	1221	60.3%	0
6	拉里·布朗	1977—2011	2002	1098	54.8%	1
7	乔治·卡尔	1985—2016	1999	1175	58.8%	0
8	迪克·莫塔	1969—1997	1952	935	47.9%	1
9	帕特·莱利	1982—2008	1904	1210	63.6%	5
10	里克·阿德尔曼	1989—2014	1791	1042	58.2%	0
11	道格·里弗斯	2000—至今	1778	1043	58.7%	1
12	杰克·拉姆塞	1969—1989	1647	864	52.5%	1
13	吉恩·舒	1967—1989	1645	784	47.7%	0
14	菲尔·杰克逊	1990—2011	1640	1155	70.4%	11
15	里克·卡莱尔	2002—至今	1607	861	53.6%	1
16	科顿·菲茨西蒙斯	1971—1997	1607	832	51.8%	0
17	阿诺德·奥尔巴赫	1947—1966	1417	938	66.2%	9
18	内特·麦克米兰	2001—至今	1369	731	53.3%	0
19	约翰·麦克劳德	1974—1991	1364	707	51.8%	0
20	迈克·邓利维	1991—2010	1329	613	46.1%	0

NBA历史主教练常规赛
·执教场数前30位·

排名	教练	执教生涯	执教场次	胜场数	胜率	总冠军
21	瑞德·霍尔兹曼	1954—1982	1299	696	53.6%	2
22	菲利普·桑德斯	1996—2015	1246	654	52.5%	0
23	迈克·弗拉特洛	1981—2007	1215	667	54.9%	0
24	迈克·德安东尼	1999—2020	1199	672	56.0%	0
25	阿尔文·金特里	1995—至今	1170	534	45.6%	0
26	道格·莫	1977—1993	1157	628	54.3%	0
27	凯文·洛克里	1973—1995	1136	474	41.7%	0
28	埃里克·斯波尔斯特拉	2009—至今	1113	660	59.3%	2
29	拜伦·斯科特	2001—2016	1101	454	41.2%	0
30	查克·戴利	1982—1999	1075	638	59.3%	2

注：本书数据截止2021—2022赛季常规赛